AF501811

GUERRE DE 1870

LE SIÉGE

ET LE

BOMBARDEMENT

DE STRASBOURG

PAR

GUSTAVE FISCHBACH

Avocat, ancien rédacteur du *Courrier du Bas-Rhin*

Deuxième édition

STRASBOURG

CHEZ LES PRINCIPAUX LIBRAIRES

1870

Strasbourg, typographie de Maurice Schauenburg,
successeur de G. Silbermann.

AU LECTEUR

Ceci n'est point l'histoire proprement dite, c'est-à-dire l'histoire militaire du siége et du bombardement de Strasbourg. Les travaux exécutés autour de la forteresse par l'armée allemande ne sont pas, en effet, décrits dans ce volume ; les opérations et les manœuvres des troupes assiégées et des troupes assiégeantes y sont à peine effleurées, et le technicien et le stratégiste ne trouveront point leur compte à la lecture de ces pages.

L'auteur était chargé, pendant la durée du siége, de raconter chaque jour dans les colonnes du *Courrier du Bas-Rhin* les événements de la journée et de la nuit écoulées ; il décrivait, non les progrès des travaux d'attaque ou l'emploi des moyens de défense, mais les malheurs qui frappaient la population strasbourgeoise et les désastres qui accablaient la ville ; il faisait chaque jour l'énumération des victimes et des ruines de la veille, et ce sont ces descriptions qui se trouvent reproduites ici, complétées par tous les actes officiels, affiches et proclamations, et par des notes soigneusement prises depuis le premier jusqu'au dernier instant de cette longue période d'angoisses.

L'auteur confesse qu'il aurait dû faire la part plus grande à ceux qui ont joué les rôles les plus en vue dans ce mémorable épisode de la guerre de 1870, aux officiers supérieurs qui commandaient la défense, au général qui gouvernait la place et présidait à ses destinées. Il y a bien des dévouements et des actes d'héroïsme sur lesquels ces pages sont muettes ; des noms y sont oubliés qui mériteraient certes d'être cités. L'auteur a décrit de préférence ce que Strasbourg et ses habitants ont fait, ce qu'ils ont souffert, comment ils ont lutté. Lui en voudra-t-on de cette partialité, de ces sentiments un peu égoïstes en faveur de sa chère ville natale?....

Ce petit livre a été écrit et imprimé en quinze jours au plus. Cette rapidité d'exécution fera peut-être pardonner un peu ses imperfections.

GUSTAVE FISCHBACH.

LE SIÉGE

ET

LE BOMBARDEMENT

DE STRASBOURG.

6 août.

Le 6 août 1870 se livrait la bataille de Frœschwiller, où l'armée de Mac-Mahon dut, après une lutte admirable, reculer devant des forces supérieures. L'aile droite des combattants français fut coupée ; un lâche cria : *Sauve qui peut !* et bientôt la route trembla sous le pas des chevaux que des milliers de cavaliers lançaient ventre à terre vers la ville de Haguenau. Hussards, cuirassiers, artilleurs, turcos, zouaves, chasseurs à pied, chacun avait sauté sur le premier cheval qu'il avait pu saisir, et la bande tout entière galopait avec fureur, en poussant des cris et en hurlant sur son passage aux populations affolées : « Les Prussiens ! les Prussiens ! » Quel spectacle horrible que des soldats en fuite !

1

La triste cohue brûla le pavé des rues de Haguenau et sortit par la porte de Strasbourg. Les uns prirent à travers champs, les autres tombèrent au bord du chemin, quelques-uns poursuivirent leur course folle jusqu'à Strasbourg, où bientôt se répandit la nouvelle : L'armée de Mac-Mahon est battue !

Une indescriptible émotion s'empare aussitôt de la ville et une agitation fiévreuse règne dans les rues. Au même instant débouchent par les faubourgs des convois de blessés provenant de l'affaire de l'avant-veille, de la bataille de Wissembourg, et le spectacle de ces hommes couverts de sang et de boue, ces corps mutilés qu'on transporte à découvert, tout cela achève de répandre sur la ville de Strasbourg un épais voile de deuil. Tout à coup, frayeur nouvelle et agitation plus anxieuse encore. Un lugubre bruit retentit dans la rue : on bat la générale ! Les boutiques, les maisons se ferment ; les soldats courent vers les casernes ; on croit que l'ennemi est aux portes. Aussitôt des ordres partent dans toutes les directions ; les ponts-levis sont dressés, et à sept heures du soir la ville est complétement fermée. Des centaines d'habitants stationnent hors des murs, criant qu'on leur ouvre, et obtiennent enfin de pouvoir entrer encore.

7 août.

La nuit pourtant fut calme au dehors ; au dedans, une fièvre pénible tourmentait les esprits et l'on avait je ne sais quel pressentiment vague des souffrances qui devaient venir. Le lendemain, à l'aube, triste spectacle. Une grande partie de l'aile droite de l'armée française, que l'ennemi avait coupée dans le combat de la veille, se réfugiait à Strasbourg. Les soldats arrivaient un à un, puis par groupes, par bandes de dix, vingt, trente hommes; parmi eux beaucoup de blessés; ceux-ci s'appuyaient sur un bâton, sur un fusil brisé, ou étaient couchés dans les voitures et les fourgons du train; les cavaliers, les cuirassiers surtout, avaient perdu leurs armes, étaient nu-tête, couverts de boue, accablés de fatigue; les turcos, mornes et courbés, se traînaient avec peine; les officiers, bien peu nombreux, hélas! appuyés sur le bras des soldats, semblaient profondément abattus. Une foule énorme se pressait dans les rues et formait une haie silencieuse au long cortége des vaincus de la veille, qui passèrent la journée tout entière par la ville comme un immense convoi de deuil. La nuit tombait et le triste défilé continuait toujours. Le lendemain il durait encore.

Un épisode entre cent de ces deux jours mémorables : Sur la place Kléber débouchent une quarantaine de turcos, glorieusement sales, déchirés, les uns couverts de sang. L'un d'eux porte le drapeau du régiment et un cri d'enthousiasme part de toutes les bouches. *Vive la France !* crient des milliers d'assistants, et les acclamations redoublent lorsque le colonel Ducasse, commandant de la place, prend le drapeau et le montre à la foule du haut du balcon de l'état-major.

Au plus fort de la bataille de Frœschwiller, au moment où les turcos tombaient fauchés par la mitraille, le colonel du 2e régiment de tirailleurs algériens, passant devant quelques-uns de ses hommes encore debout, aperçut, presque seuls, le sous-lieutenant Vallès, porte-drapeau, le sous-lieutenant Pantoux et le sergent Abd-el-Kader-Ben-

Dakich « Votre place n'est plus ici, leur cria-t-il ; retirez-vous, sauvez notre drapeau ! » Vallès, Pantoux et Abd-el-Kader obéissent à leur colonel. En ce moment des cavaliers ennemis fondent sur eux et les séparent. Ils se jettent à terre, et quand le torrent des chevaux s'est écoulé, Pantoux et Vallès se relèvent, cherchant l'Arabe, qui avait disparu. Après d'incroyables péripéties, les trois braves se trouvèrent réunis de nouveau ; Abd-el-Kader avait sauvé l'aigle du régiment. Vallès et Pantoux pleuraient comme des enfants. C'est ce drapeau-là que le commandant de la place de Strasbourg venait de montrer à la foule.

L'incident causa une touchante émotion.

Les élections municipales, qui avaient commencé le 6 août, ne furent point continuées. Quelques électeurs seulement s'étaient présentés au scrutin, et le 7 les bureaux ne furent même plus ouverts. Les portes de la ville étant fermées, les habitants de la banlieue n'auraient pu venir déposer leur vote dans l'urne, et d'autres préoccupations du reste commençaient à naître. L'ennemi occupait Haguenau, c'est-à-dire qu'il était à cinq lieues de la ville ; puis il occupa Brumath, distant de trois lieues à peine. Tout annonçait le danger.

Le 7, au matin, le placard suivant fut affiché sur les murs :

PRÉFECTURE DU BAS-RHIN.

« Le préfet du Bas-Rhin informe les habitants de Strasbourg que la ville est mise en état de siége.

« Strasbourg, le 6 août 1870.

« Baron PRON. »

Le département était déjà en état de siége depuis plusieurs semaines, de même que le Haut-Rhin et la Moselle. L'avis du préfet ne créait donc pas une situation nouvelle pour la ville et ne faisait que mettre en vigueur quelques dispositions spéciales aux places fortes déclarées en état de siége.

Dès le 7 août les communications postales avec le dehors devinrent irrégulières. Le courrier de Paris du 6 arriva à Strasbourg le 7, à 9 heures du soir, au lieu d'arriver le matin. Le train-poste avait dû s'arrêter à Saverne et les dépêches avaient été transportées par la grande route jusqu'à Strasbourg. Les communications télégraphiques furent interrompues aussi, et dès ce moment commença cette période d'isolement et d'incertitude dans laquelle vécut la ville pendant de longues semaines, où les bruits, les rumeurs, les mensonges étaient la seule pâture donnée à la curiosité anxieuse de la population.

8 août.

L'armée allemande se rapprochait de plus en plus, et de nombreux habitants des villages voisins affluaient dans les murs de Strasbourg, arrivant avec quelques objets de literie, quelques meubles et des provisions sur leur voiture, tremblants de peur, répandant toutes sortes de rumeurs, qui, à force de passer de bouche en bouche, devenaient effrayantes.

Dans la journée du lundi 8, une nouvelle inquiétante causa une alarme extraordinaire dans la ville. Un officier allemand, muni du drapeau blanc du parlementaire, s'était présenté devant l'une des portes et avait sommé le commandant de se rendre, le menaçant, en cas de refus, du bombardement de la place. Le commandant avait refusé net, et l'on s'attendait cette nuit à entendre gronder le canon. Mais la menace de l'officier allemand ne s'accomplit pas encore.

9 août.

Le lendemain, au contraire, la confiance vint renaître dans les esprits, car on annonçait que les détachements de troupes ennemies qui avaient paru dans les communes des environs, s'étaient retirés et avaient repris le chemin de Haguenau. Ils s'étaient retirés en effet, car leur but était atteint : ils avaient reconnu les alentours de la place, l'état de ses travaux de défense, les voies de communication qui l'entouraient et qui conduisaient d'un village à l'autre. Mais ils devaient revenir !

L'imprévoyance coupable qui a si généralement présidé, du côté français, aux préparatifs de cette guerre, avait régné à Strasbourg comme ailleurs, et la place n'était pas en état de défense quand l'ennemi se trouvait déjà aux portes.

La ville, d'abord, n'avait point de garnison régulière. En temps de paix, deux régiments d'artillerie, un régiment presque entier de pontonniers, deux régiments d'infanterie de ligne, deux bataillons de chasseurs à pied et des détachements des régiments du train occupaient les casernes. Toutes ces troupes étaient parties, emmenées par le maréchal Mac-Mahon.

Quand la place commença à être investie, elle avait, en fait de troupes, quelques artilleurs, quelques centaines de pontonniers, les dépôts des régiments de ligne et des bataillons de chasseurs qui avaient tenu garnison à Strasbourg, et le 87e de ligne, qui se trouvait dans la ville par hasard, car ce régiment n'était que de passage et devait partir pour rejoindre un corps d'armée au moment de l'investissement. Il y avait de plus un certain nombre de douaniers et une soixantaine de marins, arrivés pour monter les canonnières destinées à manœuvrer sur le Rhin. Quelques milliers d'hommes de toutes armes, réfugiés à Strasbourg après avoir été battus à Frœschwiller, étaient venus s'ajouter à la petite garnison de la ville, et la garde mobile, enfin, complétait le nombre des défenseurs de la forteresse.

Les palissades n'étaient pas encore dressées partout; pas un arbre n'était coupé sur les routes, et l'eau des fossés des fortifications n'était pas plus haute qu'en temps de paix; les pièces des remparts étaient sans artilleurs; il semblait enfin qu'une attaque contre Strasbourg fût réputée impossible et que ceux qui parlaient de la probabilité d'un siége, d'un blocus, d'un bombardement fussent des pessimistes qui ne savaient, dans le trouble où les jetait la peur, se rendre compte de la situation. On cherchait à prouver qu'il ne pouvait être question d'un mouvement offensif contre Strasbourg. L'objectif de l'Allemagne était maintenant la capitale de la France, et l'Allemagne ne pouvait, disait-on, détacher de son armée les troupes qui seraient nécessaires pour attaquer Strasbourg. Si Paris tombait aux mains de l'armée allemande, Strasbourg tomberait de lui-même dans ses mains, et il n'était point besoin, par conséquent, de perdre autour de cette place du temps et des soldats.

Chacun s'arrangeait ainsi pour son propre compte une politique commode, une politique dont il pressentait bien l'impossibilité, mais qu'il s'efforçait de croire toute naturelle. L'homme est ainsi fait, qu'il juge souvent comme impossible ce qui pourrait lui être funeste ou seulement désagréable, et dans sa tête il trace aux événements une marche à sa guise; puis vient la réalité et ce bel avenir d'illusions est évanoui.

Un avis du général Uhrich, commandant supérieur de la place, fit prévoir que des hostilités contre la ville étaient probables et que des événements graves étaient proches.

Voici ce que le général fit afficher dans la matinée du 10 août :

« AUX HABITANTS DE STRASBOURG !

« Des bruits inquiétants, des paniques ont été répandus ces jours derniers, involontairement ou à dessein, dans notre brave cité. Quelques individus ont osé manifester la pensée que la place se rendrait sans coup férir.

« Nous protestons énergiquement, au nom de la population courageuse et française, contre ces défaillances lâches et criminelles.

« Les remparts sont armés de 400 canons. La garnison est composée de 11,000 hommes, sans compter la garde nationale sédentaire.

« Si Strasbourg est attaqué, Strasbourg se défendra tant qu'il restera un soldat, un biscuit, une cartouche.

« Les bons peuvent se rassurer ; quant aux autres, ils n'ont qu'à s'éloigner.

« Strasbourg, le 10 août 1870.

« Le général de division, commandant supérieur,

« Uhrich.

« Le préfet du Bas-Rhin,

« Baron Pron. »

L'énergique déclaration du général Uhrich faisait allusion à la panique qui avait suivi l'arrivée du parlementaire menaçant la ville de bombardement, si celle-ci ne se rendait pas. On s'était demandé, en effet, si, avec les quelques milliers d'hommes qui formaient sa garnison, Strasbourg pourrait se défendre et si ce n'était point folie que d'essayer une résistance. L'Europe et le monde savent ce que fit Strasbourg et comment la vieille cité d'Alsace s'est défendue.

13 août.

Les troupes allemandes étaient signalées le 13 août de presque tous les points de la ville. Schiltigheim, Bischheim, Oberhausbergen, Mittelhausbergen, Niederhausbergen, Eckbolsheim, Kœnigshoffen avaient été traversés ou étaient occupés déjà par des détachements ennemis, et les relations entre ces communes et la ville devinrent de plus en plus difficiles.

Ce n'étaient plus de simples patrouilles qui parcouraient les alentours, c'étaient des régiments entiers qui s'établissaient autour de la place. Une division badoise, sous le commandement du lieutenant-général de Beyer, commença les opérations de l'investissement; du 11 au 17 elle fut seule à manœuvrer autour de Strasbourg. A Kœnigshoffen, le chemin de fer fut coupé; les fils télégraphiques furent rompus, et les seules dépêches, celles du Haut-Rhin, qui avaient encore pu parvenir jusqu'en ville, étaient donc supprimées aussi.

Le 13 août se répandit à Strasbourg une de ces nouvelles qui pendant ces longues semaines d'angoisses venaient si souvent, émanant on ne sait d'où, mettre pour un instant la joie dans les cœurs, ranimer tous les courages et qui, démenties le lendemain, n'étaient plus qu'une cause de chagrin.

On parlait, avec de minutieux détails, de grands succès remportés par l'armée française à Phalsbourg et à Saverne. De nombreux voyageurs ayant pu pénétrer encore à Strasbourg avaient, disaient-ils, entendu une très-forte canonnade du côté des Vosges et vu passer des convois considérables de blessés, ou bien encore annonçaient que la plus grande partie des troupes allemandes campées près de la ville avaient subitement plié bagage. On vécut quelques heures sur ces nouvelles heureuses et l'on s'aperçut ensuite qu'on s'était réjoui de mensonges.

Une fiévreuse activité commença à régner alors dans la forteresse et l'on travailla à réparer autant que possible tout le mal qu'une imprévoyance impardonnable avait déjà causé. Il y avait dans la garnison des soldats pleins de résolution et la garde mobile s'exerçait avec ardeur. Cette garde mobile, qu'on n'avait pas voulu prendre au sérieux tout d'abord, n'avait pas tardé à comprendre qu'une lourde et grande tâche lui incombait, et elle s'était soumise rapidement aux exigences du service militaire. Elle passait les nuits sur les remparts, dans les ouvrages avancés, côte à côte avec les vieux troupiers, qui admiraient avec bonheur les allures décidées de leurs jeunes et inexpérimentés compagnons d'armes.

On se dépêcha d'abattre les arbres des routes; de nombreux ouvriers sortaient tous les matins par toutes les portes de la ville et, protégés par des soldats d'infanterie, accomplissaient rapidement cette besogne, pendant laquelle ils durent à plusieurs reprises essuyer le feu des tirailleurs ennemis.

Les arbres furent jetés en travers des routes, et en peu

de jours les belles allées qui commençaient devant les portes pour aboutir aux villages les plus proches avaient toutes disparu.

Plusieurs petites escarmouches avaient eu lieu déjà entre des détachements ennemis et les postes français placés sur les ouvrages avancés; quelques tirailleurs français aussi qui s'étaient déployés dans les champs avaient dirigé des coups de feu sur des dragons badois qui chevauchaient au loin. Le 13 août, le canon retentit pour la première fois. Vers cinq heures du soir, des cavaliers et des fantassins badois venant de Kœnigshoffen avaient tiré sur les travailleurs français occupés à abattre des arbres sur la route. Quelques coups de canon partis du haut des remparts dispersèrent les assaillants.

Vers sept heures et demie avait lieu un engagement plus sérieux. Pendant toute la journée, des patrouilles de six, huit, dix hommes du 2e régiment d'infanterie badoise venaient se poster derrière le cimetière Sainte-Hélène, situé près de Schiltigheim, et tiraient de là sur les ouvrages avancés; d'autres se plaçaient dans les houblonnières situées le long du chemin de fer et cherchaient à tirailler. Mais le soir, un détachement considérable se porta vers le cimetière. C'étaient deux compagnies du 2e bataillon du 2e régiment d'infanterie badoise. L'une d'elles, la 9e compagnie, prit position devant le cimetière; l'autre se posta à quelque distance, près du couvent Saint-Charles.

Les Français ouvrirent alors du haut des fortifications une vive fusillade, et les canons lancèrent quelques bordées de mitraille qui firent une vingtaine de victimes dans les rangs des Badois.

Ce n'était pas la première fois que le cimetière Sainte-

Hélène, situé hors du faubourg de Pierres, à l'angle de deux routes et en face de la porte, devenait le théâtre de faits militaires. Lors du blocus de Strasbourg en 1814, le général Broussier, qui commandait la place, avait transformé le cimetière en un ouvrage retranché et l'avait entouré d'un fossé qui subsiste encore en partie. La garde nationale y faisait alors un service très-actif, car le général Broussier n'avait à sa disposition que 7000 hommes, affaiblis par les maladies, surtout par le typhus. Une batterie de la garde nationale occupait donc le cimetière et les avant-postes étaient établis sur la route même de Schiltigheim.

Mais laissons là les souvenirs historiques. Le même soir, vers dix heures et demie, une vive canonnade partit du haut des remparts de la porte Nationale. Elle était dirigée vers un point d'où l'on voyait s'élever, depuis la ville, la vive lueur d'un incendie. Près des bâtiments du chemin de fer appelés *les Rotondes* et situés hors la porte de Saverne, tout près de la voie, vingt-quatre wagons étaient en feu, allumés par l'ennemi. Le canon de la place tirait dans cette direction, où, selon toute probabilité, devaient se trouver des troupes allemandes, qui, à la lueur de l'incendie, faisaient une reconnaissance ou exécutaient quelques travaux.

14 août.

Dans la soirée de la veille, le général Uhrich avait fait afficher l'avis suivant :

6e DIVISION MILITAIRE.

« Des bruits qui ont pris une certaine consistance semblent indiquer que quelques personnes préparent une manifestation hostile pour le 15 août.

« Il n'y a que deux positions possibles dans les graves circonstances où nous sommes : Ami de la France ou son ennemi ; tout le reste est effacé.

« Le général commandant supérieur croit de son devoir de prévenir plutôt que de sévir.

« En conséquence, il fait savoir que toute personne qui tenterait de troubler l'ordre sera arrêtée et traduite devant un conseil de guerre, qui rendrait son jugement dans les quarante-huit heures.

« Cet avis et le patriotisme de l'immense majorité de la population strasbourgeoise suffiront sans doute pour faire abandonner des projets coupables autant qu'insensés.

« Fait au quartier-général de Strasbourg, le 13 août 1870.

« Le général de division, commandant supérieur,

UHRICH.

« Le préfet du Bas-Rhin,

« Signé : Baron PRON. »

Ce fut avec un certain étonnement qu'on lut cet avis, car il n'était à la connaissance de personne qu'un mouvement quelconque dût se faire le 15 août, et l'avertissement du général, motivé sans doute par de faux rapports dont il s'était alarmé trop vite, prouverait peut-être que lui-même partageait un peu l'émotion croissante qui envahissait les esprits.

Depuis qu'on avait entendu tonner le canon, l'agitation avait augmenté encore, mais sans que ce fût un sentiment de peur qui produisît ce surcroît d'émotion. Non, on sentait le danger grandir, et chacun, ou presque chacun, sentait grandir aussi ses devoirs et reculait les limites des sacrifices qu'il s'était imposés à l'avance. On se serra les uns contre les autres, et de nouveaux dévouements vinrent naître.

La garde nationale sédentaire, qui avait été créée quelques jours auparavant, s'organisait rapidement, et les citoyens en armes étaient prêts, pour la plupart, à dépasser le rôle de gardien de l'ordre intérieur, qui était le seul auquel on les appelât, pour marcher, au besoin, à côté des corps militaires et échanger des coups de feu avec l'ennemi.

En même temps surgissait le projet de créer un corps de francs-tireurs. On proposait de grouper les citoyens habitués au maniement du fusil, de les utiliser à la défense des remparts, de leur faire prendre part aux sorties, aux reconnaissances, de les employer enfin à toutes les opérations de défense de la place. Ce projet fut adopté, et les francs-tireurs ne furent pas les moins braves parmi ceux qui luttèrent contre les assiégeants.

La journée du 14 août fut signalée par un événement qui parut bien grave alors et qui mit la ville en émoi.

Hélas! combien il parut petit quelques jours après, et comme le souvenir même s'en effaça bien vite devant les souffrances terribles que Strasbourg endura plus tard !

La veille déjà, un projectile lancé par une batterie ennemie était tombé dans la ville, en traversant un pignon et une cheminée et en éclatant dans la cuisine d'une maison de la rue du Marais-Vert. Le 14 août au matin, la foule se pressait devant cette maison et l'on s'étonnait, triste dérision ! de la longue portée de la pièce d'artillerie qui avait lancé un obus depuis Hausbergen jusque dans la ville et des ravages que les éclats de cet obus avaient exercés.

Le même jour plusieurs obus tombèrent dans le faubourg de Saverne, sur le quai Saint-Jean, dans les bâtiments du Mont-de-Piété, dans la gare du chemin de fer. Un seul projectile causa un accident grave : il tomba sur un candélabre à gaz placé au bord du trottoir du faubourg de Saverne, brisa ce candélabre et blessa, en éclatant, un homme et deux femmes qui passaient dans la rue. Le premier se nommait Ulrich ; il avait reçu un fragment d'obus dans la cuisse et mourut quelques jours plus tard des suites de sa blessure. C'était la première victime. Combien d'autres suivirent !

On s'effraya fort de ces malheurs, qui préoccupèrent la ville entière, et semblèrent, aux yeux de la population, devoir être ce que l'ennemi pouvait faire de plus terrible. On se disait que ces obus étaient dirigés sur les ouvrages des fortifications et que quelques-uns avaient dépassé leur but, et l'on ajoutait qu'il était à craindre que l'un ou l'autre des faubourgs reçût encore quelque projectile égaré. Si cette crainte seule s'était réalisée !

Le même jour on annonçait en ville que des troupes

badoises venaient de prendre possession de la Robertsau, un village faisant partie de la banlieue de Strasbourg et situé hors la porte des Pêcheurs, près de l'Orangerie. Des détachements d'infanterie s'étaient en effet installés sur ce point, et une partie des habitants de la Robertsau fuyaient vers Strasbourg, comme ceux de tous les villages voisins où les troupes ennemies s'étaient montrées. Ils arrivaient la plupart dans des bateaux, dans de petites nacelles chargées à la hâte de tout ce qu'ils avaient pu emporter de leur bien. C'était un triste spectacle que de voir ces pauvres gens débarquer sur les quais quelques meubles, un peu de literie, puis s'en aller chercher par la ville un asile pour eux et leurs enfants.

Quelques propriétaires aisés de la Robertsau avaient opéré un déménagement plus considérable, et l'on vit arriver de grands bateaux de transport dans lesquels étaient entassés des mobiliers complets.

Une reconnaissance composée de quelques pelotons de cavalerie, de plusieurs pièces d'artillerie et de détachements d'infanterie, sortit de Strasbourg et se dirigea du côté de la Robertsau. Elle rencontra de faibles postes ennemis, avec lesquels elle échangea quelques coups de fusil, puis revint en ville sans avoir obtenu grand résultat.

Les rues de Strasbourg avaient ce soir-là un aspect étrange. La municipalité avait prévenu les habitants que les gazomètres allaient être vidés et qu'on eût à préparer des lanternes pour l'éclairage de la voie publique. Le soir du 14 août la mesure fut mise pour la première fois en vigueur. Chaque maison avait accroché une lanterne à sa façade, et cet éclairage ne manquait pas d'une certaine originalité. Ces lumières n'éclairaient que faiblement, elles faisaient plutôt mieux voir l'obscurité; mais toutes ces lanternes étaient de formes si diverses et d'âges si distants, elles pendaient à des hauteurs si différentes, les unes au rez-de-chaussée, les autres au troisième étage, et le coup d'œil de ces mille points lumineux était si nouveau et si bizarre, qu'on ne songeait presque pas à déplorer l'absence du gaz. Dans les vieux quartiers de la ville, dans les ruelles étroites de la Krutenau, au bord des vieux quais, on se fût cru en plein moyen âge en voyant ces antiques façades effleurées du rayon rougeâtre qui s'efforçait de sortir de quelque lumignon borgne.

15 août.

Les troupes badoises qui occupaient la Robertsau avaient été averties sans doute par leurs éclaireurs de la reconnaissance que la garnison avait tentée vers elles la veille, et s'étaient retirées pour revenir dans la nuit. Le 15 août, à trois heures du matin, en effet, une formidable détonation retentit du côté de la Robertsau : c'était le beau pont à colonnes qui traversait le canal de la Marne-au-Rhin et conduisait de la promenade Lenôtre à la Robertsau, que l'ennemi avait miné pendant la nuit et venait de faire sauter. Les communications directes avec ce village étaient donc interrompues aussi, et les légumes, le lait, le bétail amenés journellement de cette partie de la banlieue manquaient désormais à la ville.

Cette journée du 15 août ne présentait point la physionomie qu'elle avait eue les années précédentes. Alors que la France était aux mains de Napoléon III, Strasbourg, comme toutes les autres villes du pays, devait prendre ce jour-là des airs de fête, et l'on y dépensait de fortes sommes pour quelques réjouissances qui attiraient la foule dans ses murs. Cette fois-ci, on a eu le courage d'aller à la Cathédrale chanter encore un *Te Deum* en l'honneur du héros qui a perdu la France, et l'on fit suivre cette triste cérémonie de prières pour les soldats français tombés au champ d'honneur. Les autorités militaires et des détachements de tous les corps de troupes de la garnison avaient assisté à ce service religieux.

L'après-midi, la population entière circulait dans les rues, qu'inondait le soleil. Un étranger qui, ignorant les événements, se fût trouvé transporté par hasard à Strasbourg n'eût jamais deviné, au calme presque solennel qui régnait sur les physionomies, que la ville était entourée par des troupes ennemies, qu'elle se trouvait en état de siége, qu'à tout instant le canon pouvait gronder du haut de ses murs ou tonner contre elle.

La journée se passa donc dans le calme et Strasbourg était endormi, lorsqu'à 11 heures et demie retentit tout à coup dans le lointain le bruit du canon; aussitôt un sifflement perçant traversa les airs et un obus vint s'abattre sur une des maisons de la ville. Bientôt un autre projectile suivit le premier et, pendant une demi-heure, les obus sifflaient dans les airs, puis tombaient sur les édifices et éclataient avec fracas.

L'artillerie des remparts répondit aux décharges de l'ennemi, et vers minuit l'effrayant tapage cessa. Les batteries qui avaient bombardé la ville pendant ces trente minutes étaient pour la plupart des batteries volantes, c'est-à-dire des pièces d'artillerie qui, après avoir tiré quelques coups, sont traînées sur un autre point où elles lancent encore quelques projectiles; elles circulèrent ainsi sur une assez grande étendue, car les obus se croisaient souvent et tombaient dans des directions diverses.

Grande fut la frayeur qui régna; des femmes et des enfants s'étaient réfugiés dans les caves, et les hommes veillaient, prêts à éteindre l'incendie que les projectiles auraient pu allumer.

16 août.

Le lendemain, une vive émotion agitait la population et de grand matin on parcourait les rues pour voir les dégâts causés par les obus ennemis.

Un des premiers obus était tombé sur la Banque de France, place Broglie, et avait effondré une toiture vitrée qui couvrait la cage d'un escalier; des poutres avaient été brisées, les carreaux étaient réduits en miettes et les débris avaient été lancés sur l'escalier, qu'ils encombraient au point d'obstruer le passage aux personnes qui, descendant des étages supérieurs, se hâtaient de se réfugier dans les caves.

Un autre obus avait frappé contre le café Bauzin, situé en face de la Banque, avait enfoncé le mur et endommagé la cage vitrée qui couvrait la terrasse de cet établissement.

Dans la rue des Échasses, un projectile tombé sur un toit brisa une lucarne en tôle, des poutres, des tuiles, une malle placée sous le toit; un éclat frappa plus loin la corniche en pierre de la porte d'une autre maison et ricocha sur la maison d'en face, dont il troua le mur et brisa les vitres. Rue du Dôme, 27, une cheminée fut abattue par un projectile qui alla briser ensuite la corniche de la porte du Grand-Séminaire, rue des Frères, où était établie une ambulance.

Dans la rue des Hallebardes, deux magasins situés aux nos 28 et 30 eurent les devantures trouées ; dans la rue du Chaudron, une maison fut fortement endommagée. Au Vieux-Marché-aux-Poissons, des volets furent brisés au premier et au troisième étage de la maison de M. Martin Müller, horticulteur, et deux chambres furent complétement dévastées par les éclats d'un projectile.

Un obus était tombé au pied de la statue de Gutenberg, dont il avait écorné le socle en éclatant; des éclats lancés contre le magasin de M. Robert, fabricant de parapluies, avaient enfoncé les volets et brisé les glaces de la devanture.

Dans la rue des Serruriers, un obus avait abattu la cheminée de la maison Œsinger et était tombé sur la brasserie du *Léopard*, située en face. Un projectile tomba sur la Monnaie, près de la place Saint-Thomas ; un autre enfonça la toiture de l'École israélite des arts et métiers, rue de la Demi-Lune, et lança des débris dans le dortoir du deuxième étage, qui, par le plus heureux des hasards, était vide ce soir-là, le surveillant ayant fait coucher les élèves au premier.

Dans la rue des Chandelles, 13, un projectile était entré par la façade dans une chambre du quatrième étage, où il exerça de terribles ravages. Un tambour de la garde nationale sédentaire, nommé Umhöfer, était couché dans cette chambre avec sa femme; l'obus tomba près du lit, éclata avec fracas et brisa en mille morceaux tout le mobilier qui se trouvait dans cette pièce ; les époux Umhöfer furent blessés tous deux à la tête et tout leur petit avoir fut perdu. Pendant la journée tout entière on vint visiter la chambre que le projectile avait ravagée, et les visiteurs déposaient dans une tire-lire placée dans la rue un peu d'argent pour venir en aide au pauvre ménage.

Une autre famille, digne d'intérêt aussi, celle d'un colporteur, nommé Simon Blum, demeurant rue des Sept-Hommes, 6, avait eu à souffrir également dans cette nuit du 15 août. Un projectile entré par le grenier avait brisé des poutres, détruit des objets qui servaient au commerce de Blum, et allumé un tas de linge et de papier. Un incendie allait inévitablement éclater dans la maison, lorsqu'un des habitants, le seul qui eût encore sa présence d'esprit, se précipita au grenier et éteignit le feu. Là aussi les curieux affluaient et déposaient dans une assiette une obole au profit du pauvre colporteur, père de sept enfants.

Dans la rue du Saumon, sur la place Kléber, différentes maisons furent atteintes. Dans la rue du Jeu-des-Enfants, un obus vint frapper, dans son lit, une pauvre femme et lui coupa les deux cuisses. Deux obus tombèrent sur le Lycée, situé à côté de la Cathédrale et transformé en ambulance; l'un d'eux brisa une corniche, à 50 centimètres au-dessus des fenêtres d'une salle remplie de blessés; l'autre mit en pièces une dalle, une porte et des fenêtres. On s'empressa de faire évacuer les salles et de transporter les blessés dans les caves.

D'autres maisons encore furent atteintes par le bombardement, qui avait exercé ses ravages dans une espèce de demi-cercle partant de la place Broglie pour aboutir à la place Saint-Thomas.

J'ai dit qu'un vif émoi s'était emparé de la ville au moment où le sinistre bruit des obus l'avait réveillée. Et pourtant, il faut le dire, ce ne fut pas tout à fait une surprise pour les habitants. Je ne sais quelle rumeur circulait au sujet d'un bombardement qui devait avoir lieu le 15 août; on racontait que des officiers badois et des soldats l'avaient annoncé à des paysans qui étaient entrés dans la place; dans la foule aussi l'on disait, moitié en riant et moitié sérieusement : « Qui sait si, à l'occasion de la fête du 15 août, l'ennemi qui est devant nos murs ne voudra pas nous donner une petite fête, un petit feu d'artifice à sa façon!... »

Dans l'après midi du 16 août, une forte reconnaissance, composée de cavalerie, d'artillerie et d'infanterie, sortit par la porte de l'Hôpital et la porte d'Austerlitz, pour se diriger vers le Neuhof et Illkirch, où devait se trouver l'ennemi. Les éclaireurs qu'on avait envoyés visiter les lieux revinrent sans rien signaler, et la colonne française s'avança jusqu'à ce que les Badois, embusqués en grand nombre dans les taillis au bord de la route, la surprirent tout à coup par une vive fusillade. Ils étaient en force et avaient, paraît-il, rapidement appelé à eux les détachements répandus dans la contrée. Les soldats français furent un peu troublés par la brusque décharge qui les accueillit et la cavalerie ne tenta pas de s'engager dans les taillis où les Badois étaient postés.

Le colonel Fiévet, du 16e régiment d'artillerie-pontonniers, qui commandait la sortie, s'élança pourtant en avant, pensant que ses soldats le suivraient malgré les obstacles. Au même instant, une balle le blessait à la jambe, une autre coupait le fourreau de son sabre et une troisième lardait son cheval. Il fut recueilli aussitôt et transporté en ville, dans l'ambulance établie au Petit-Séminaire.

Plusieurs artilleurs étaient tombés sous les balles ennemies et trois petites pièces de huit avaient dû être abandonnées.

D'autres reconnaissances, moins fortes, furent dirigées ce jour-là du côté de l'Orangerie, hors la porte des Pêcheurs, et du côté du village de Kœnigshoffen, hors la porte Nationale. Quelques coups de fusil furent échangés sur les bords du canal près de l'Orangerie. Le couvent du Bon-Pasteur, situé dans le voisinage, fut évacué alors par les dernières sœurs qui s'y trouvaient encore, et les bestiaux de l'établissement furent amenés en ville. Le détachement qui s'était dirigé vers Kœnigshoffen n'eut pas d'engagement à soutenir.

Les craintes d'un bombardement prolongé devenaient de jour en jour plus fondées, à en juger par les travaux que l'ennemi exécutait autour de la place, et la municipalité prescrivit alors des mesures de précaution qui, du reste, étaient prises déjà dans la plupart des maisons. Voici l'arrêté qui parut à cette occasion :

MAIRIE DE LA VILLE DE STRASBOURG.

« Nous Maire de la ville de Strasbourg,

« Considérant que la ville est exposée à être bombardée par l'ennemi, et qu'en vue de cette éventualité il convient de prendre des mesures de précaution extraordinaires,

« Arrêtons :

« 1. Les propriétaires ou principaux locataires des maisons sises dans l'intérieur de la ville placeront aux rez-de-chaussées, aux différents étages et surtout sur les greniers des cuves remplies d'eau, des linges ou des éponges imprégnés d'eau, ainsi que de la terre et du sable non mouillé, afin de pouvoir immédiatement éteindre les commencements d'incendie qui pourraient se produire.

« La quantité de cuves, de linges, etc., sera en proportion de l'importance des propriétés ou des dépôts inflammables qui s'y trouvent.

« 2. Pour assurer une surveillance toujours active, il sera organisé dans chaque maison, à tour de rôle entre les propriétaires et locataires, ou de toute autre manière, une garde permanente de nuit, qui agira aussitôt sur les points menacés et donnera l'éveil aux autres habitants de la maison.

« 3. Aussitôt qu'un incendie se sera déclaré dans une maison, les habitants ou les voisins en préviendront les pompiers de service au dépôt le plus rapproché. L'emplacement des dépôts à incendie sera publié à la suite du présent arrêté.

« Strasbourg, le 12 août 1870.

« Le maire, HUMANN.

« Approuvé :

« Le commandant supérieur de la 6e division militaire,

« UHRICH. »

Emplacements des dépôts à incendie.

1er dépôt. Rue Kageneck.
2e — Rue de la Fontaine.
3e — Impasse du Jeu-des-Enfants.
4e — Quai Saint-Thomas.
5e — Mairie.
6e — Place du Château.
7e — Rue des Bateliers.
8e — Rue des Planches.

Cet arrêté reproduisait en grande partie les dispositions d'un arrêté pris le 15 février 1814 par le maire de cette époque, dans des circonstances analogues, et approuvé par le général Broussier, commandant supérieur de la place, alors aussi en état de siége.

Le lieutenant-colonel badois, baron de Lassolaye, avait fait jeter le 13 février 1814 un certain nombre d'obus sur la ville. Plusieurs de ces projectiles tombèrent au pied des remparts; trois pénétrèrent dans le faubourg de Saverne, et l'un d'eux, singulière coïncidence, atteignit une borne du quartier du Marais-Vert, comme en 1870 a été atteint un des candélabres-bornes du faubourg. Un seul de ces obus éclata, mais sans causer d'accident.

Ce genre d'hostilités, qui s'adressait en définitive à la population civile plus qu'à la garnison, et qui n'était qu'un acte d'intimidation, n'eut pas d'autre suite. L'ennemi n'y eut plus recours après ce premier essai ; mais, dans la prévision d'un retour offensif du même genre, le maire, M. Brackenhoffer, ordonna une série de mesures de précaution, dont le maire de 1870 a renouvelé les plus essentielles.

En même temps que chacun prenait des dispositions pour la sécurité de sa propriété personnelle, on organisait aussi des services de surveillance pour des quartiers entiers, et les citoyens entre eux créèrent des postes de nuit qui furent très-utiles et prévinrent plus d'un sinistre.

C'est au faubourg de Pierres que fut prise l'excellente initiative de cette organisation. On aura une parfaite idée de la façon dont ces associations de surveillance fonctionnaient, par la lettre suivante que l'un des fondateurs du service du faubourg de Pierres adressa au rédacteur en chef du *Courrier du Bas-Rhin :*

« *A Monsieur le rédacteur en chef du* Courrier du Bas-Rhin.

« Monsieur le rédacteur,

« Les habitants du faubourg de Pierres viennent de prendre l'initiative d'une mesure importante, en organisant dans leur quartier, pendant l'état de siége, un service de surveillance et de premiers secours en cas d'incendie.

« A cet effet, 140 citoyens, répartis en sections de 15 hommes, ont établi un poste de volontaires dans la maison de l'un d'eux, M. Lipp, où sont déposées plusieurs pompes et une voiture chargée de tonneaux remplis d'eau. Plusieurs des associés se sont engagés à tenir également prêtes à être attelées des voitures chargées de tonneaux d'eau, et ceux qui possèdent des pompes à incendie, que le relevé a fait connaître au nombre de 14, les ont mises à la disposition du poste.

« Chaque nuit, un piquet de 15 hommes non armés se réunit et surveille par de fréquentes patrouilles tout ce qui pourrait donner lieu à un sinistre. En cas d'incendie, il se transporte immédiatement sur les lieux avec une ou plusieurs pompes, donne l'éveil, et est remplacé au poste par un nouveau piquet.

« A l'arrivée des pompiers de la ville, l'association s'efface pour ne plus agir que sous la direction du chef de ce corps.

« Dans l'association du faubourg de Pierres, les initiateurs de cette organisation n'ont pas perdu leur temps; ils se sont souvenus de la devise : *Aide-toi, le ciel t'aidera;* et, imitant l'exemple de leurs pères, ils ont commencé par agir, par organiser.

« On nous apprend que l'exemple donné par les habitants du faubourg de Pierres a déjà trouvé des imitateurs et que des services analogues sont en voie d'organisation dans le faubourg de Saverne et la rue d'Austerlitz.

« Agréez, etc.

« *Un habitant du faubourg de Pierres.* »

Presque tous les quartiers imitèrent l'exemple donné par les faubourgs, et, la nuit, l'on voyait circuler dans les rues des patrouilles de veilleurs volontaires qui jusqu'au matin montaient une garde vigilante.

Divers actes de l'autorité avaient été affichés le 16 août ou la veille.

Le premier était l'arrêté préfectoral que voici :

Prorogation des pouvoirs du Conseil municipal.

ARRÊTÉ.

« Au nom de l'Empereur,

« Nous Préfet du Bas-Rhin,

« Vu les lois des 5 mai 1855 et 22 juillet 1870;

« Vu l'état de siége :

« Considérant que les circonstances de la guerre n'ont permis ni aux citoyens de procéder aux élections municipales de la ville de Strasbourg, ni au gouvernement de réorganiser l'administration ;

« Arrêtons :

« Art. 1er. Les pouvoirs du corps municipal de la ville de Strasbourg sont prorogés jusqu'à nouvel ordre.

« Art. 2. M. le Maire est chargé de l'exécution du présent arrêté.

« Fait à Strasbourg, le 15 août 1870.

« Le préfet, Baron PRON.

« Vu et approuvé :

« Le général de division, commandant supérieur,

« Signé : UHRICH. »

Les autorités municipales n'avaient pas jusqu'alors éprouvé le besoin de beaucoup consulter les citoyens de la ville ou leurs représentants et de débattre avec eux les graves questions qui s'agitaient. Le maire convoqua bien une fois les membres de l'ancien Conseil municipal, mais ce fut tout, et pendant presque toute la durée de l'état de siége, à l'exception des dernières semaines, Strasbourg ne reçut jamais des autorités une communication qui lui donnât des renseignements positifs sur sa propre situation et sur la situation extérieure; l'autorité, pourtant, a maintes fois eu des nouvelles qu'il eût été de son devoir de communiquer à la population. On tenait les habitants de Strasbourg au secret de ce qui se passait dans l'intérieur de la France et autour des murs de la place. Il est possible que des raisons militaires aient souvent prescrit ce silence et qu'on ne voulût pas, d'un autre côté, effrayer ou décourager les Strasbourgeois. Ceux-ci avaient jusqu'alors, du haut des églises, du haut d'autres édifices publics et du haut de quelques élévations de terrain, suivi un peu les mouvements de l'armée qui entourait la ville. Mais un avis préfectoral, conçu comme suit, défendit de monter sur les édifices publics :

Défense de monter sur les clochers et édifices publics.

AVIS.

« Il est expressément interdit, sous aucun prétexte, de monter ou de stationner sur les tours des églises ou sur les plates-formes des édifices publics de la ville, à moins d'une permission personnelle délivrée par le général commandant supérieur ou par le préfet.

« Tout individu surpris en contravention au présent ordre sera incarcéré.

« Strasbourg, le 16 août 1870.

« Le préfet, baron Pron. »

17 août.

Plusieurs bâtiments, parmi lesquels le couvent du Bon-Pasteur, situé tout près de l'Orangerie, en face de la Robertsau, que l'ennemi occupait, gênaient beaucoup la vue et le tir des artilleurs de la Citadelle et du rempart de la porte des Pêcheurs, et l'on dut se résoudre à les démolir. Le 17 août, la 3e compagnie du 4e bataillon du 18e de ligne quittait les ouvrages avancés de la Citadelle avec la mission d'occuper le Bon-Pasteur et de prévenir les habitants du voisinage d'avoir à vider leurs maisons, qui devaient être incendiées dans la journée avec le couvent et les sapins qui entouraient l'Orangerie.

A deux heures et demie du matin, la compagnie se mettait en marche, une section en avant, commandée par le lieutenant Luya, une autre section en soutien, sous les ordres du capitaine Laporte et du sous-lieutenant Leroy.

On avait dit que le Bon-Pasteur était occupé par les Badois, et, après une marche comme on en fait dans ces sortes d'opérations, le couvent fut cerné par les soldats. Mais ils ne s'y trouvaient pas, et l'établissement fut occupé d'abord par la section d'avant-garde, puis par l'autre section.

Tout à coup l'ennemi, posté dans une maison située de l'autre côté du canal, dirigea sur les Français un feu très-gênant, durant lequel le clairon Bastier fut atteint d'une grave blessure à la jambe.

Vu la configuration du terrain, le moyen le plus simple de se faire respecter et de mener à bonne fin les diverses opérations qu'on devait exécuter était de déloger l'ennemi de son poste. Du reste, la vivacité des soldats ne leur permit guère l'inactivité.

Trois escouades furent déployées en tirailleurs, le sous-lieutenant Leroy à gauche, le lieutenant Luya au centre, le sergent Jérôme à droite, pendant que le reste de la compagnie gardait le couvent sous les ordres du capitaine Laporte.

Ces escouades s'avancèrent résolûment, presque sans

tirer, en s'abritant derrière les arbres et la berge; elles se postèrent derrière la digue du canal et un pont détruit, qui formait un excellent abri.

De là, un feu nourri fut dirigé sur la maison et sur la digue que l'ennemi occupait. Celui-ci fut débusqué et obligé de se cacher derrière la digue. En ce moment, des renforts survinrent aux Badois, et les Français, prenant de front et de flanc ces troupes qui accouraient, leur firent éprouver quelques pertes. A partir de cet instant, la fusillade fut très-vive des deux côtés, et pendant près d'une heure les coups de feu s'échangèrent d'une rive du canal à l'autre.

La compagnie du 18e avait eu sept blessés. Des habitants de la Robertsau assurèrent que les Badois avaient eu quarante hommes mis hors de combat.

Le but de la reconnaissance était atteint; le Bon-Pasteur et les maisons voisines étaient évacués, et dans l'après-midi du même jour, les canons de la Citadelle purent détruire les bâtiments qui obstruaient la vue des défenseurs de la place.

Pendant près de trois heures la Citadelle envoya des projectiles contre ces constructions. Les boulets qui devaient renverser le Bon-Pasteur ne produisirent pas un effet immédiat; ils le traversaient, le criblaient de trous; mais l'édifice ne s'écroula pas de suite. A huit heures du soir pourtant, les flammes s'en échappaient, et le lendemain matin le feu l'avait détruit. La garde mobile avait été particulièrement chargée de l'opération, qui la familiarisa un peu avec la manœuvre du canon.

Ce jour-là, comme bien souvent encore, la ville était pleine d'une rumeur qui mettait les cœurs en joie. On disait que les troupes ennemies qui se trouvaient dans les villages voisins, à Illkirch, Eckbolsheim, Lingolsheim, Mundolsheim, Holtzheim, s'étaient concentrées rapidement pour se porter toutes du côté de Geispolsheim, où quelque événement extraordinaire devait se passer. On disait qu'un corps français marchant sur Strasbourg avait été signalé à l'ennemi, et que celui-ci allait à la rencontre de ceux qui venaient délivrer la ville.

Les mouvements de troupes, la concentration à Geispolsheim, le corps français surtout, pures inventions.

Ce qui n'était pas inventé et ce qui circulait aussi, c'est que l'armée des assiégeants était renforcée, que des batteries s'élevaient de tous côtés autour de la ville et que les villages voisins étaient complétement occupés par les troupes allemandes, qui avaient fait des barricades sur la route, à l'entrée et à la sortie de ces villages.

18 août.

Les opérations nécessitées par la défense de la place n'étaient pas encore achevées et l'ennemi entourait la ville depuis plus d'une semaine déjà. La commune de Schiltigheim, le premier village que l'on rencontre en sortant de Strasbourg par la porte de Pierres, avait pris dans ces dernières années un développement extraordinaire, grâce à l'industrie de la brasserie strasbourgeoise, qui y avait élevé de nombreuses constructions. De vastes et splendides établissements avaient été bâtis tout autour de Schiltigheim, dont les dernières maisons arrivaient ainsi jusqu'à quelques centaines de mètres seulement des ouvrages des fortifications. Ces constructions, solidement faites, pouvaient servir d'abri et de poste d'observation à l'ennemi, et il fallut en décider le sacrifice. Des détachements de la garnison sortirent le 18, de grand matin, pour incendier les bâtiments que les nécessités de la défense venaient de condamner, et ils eurent tout d'abord à essuyer le feu de l'ennemi, qui n'entendait pas que l'opération se fît commodément. Un engagement de tirailleurs eut lieu durant près de deux heures entre les Français et les assiégeants, et pendant ce temps le feu était mis aux établissements désignés. Des brasseries, des malteries, de belles maisons de campagne, d'énormes hangars se trouvèrent bientôt en flammes.

De longues années de travail, des industries florissantes, des millions étaient anéantis.

Le cimetière Sainte-Hélène, situé à l'entrée de Schiltigheim, dut subir aussi des mutilations. Les morts même ne pouvaient être respectés! Les sombres allées de sapins qui entrecoupaient ce cimetière, les peupliers qui l'entouraient, les grands saules qui ombrageaient les tombes furent abattus par la hache, et les pierres tumulaires seules restèrent debout, mais nues et privées de cette obscurité mystérieuse dont les branchages les couvraient.

Le fossoyeur du cimetière, le père Geiss, rentra tristement en ville, abandonnant sa maisonnette et n'emportant que ses registres d'inhumation. Il avait planté contre sa demeure une treille qui était devenue célèbre à Strasbourg. Presque chaque année elle portait des raisins en quantité si énorme qu'on allait la visiter avec grand empressement, et le fossoyeur était tout heureux de la célébrité acquise par sa treille. C'est la première fois cette année qu'on n'est pas allé admirer les raisins du père Geiss.

Depuis la nuit du 15 août, l'ennemi n'avait plus lancé de projectiles dans la place, et l'on essayait de se persuader que le bombardement n'avait eu lieu qu'à l'occasion de la fête de Napoléon et que la population civile n'avait plus rien à redouter de l'artillerie des assiégeants. On n'était pas rassuré pourtant, car de vagues bruits circulaient au sujet de sommations réitérées de se rendre que l'ennemi avait faites, en menaçant du bombardement si ces sommations restaient sans résultat.

Ah! elles resteront dans la mémoire des Strasbourgeois ces nuits des mois d'août et de septembre de l'année 1870.

Le 18 août, à neuf heures du soir, une détonation terrible retentit dans la ville. C'était un obus que les ennemis envoyaient des alentours.

Puis les projectiles se succédèrent presque sans interruption. Les sifflements stridents se croisaient dans les airs et les obus éclataient dans les rues, sur les maisons, dans les cours avec un bruit épouvantable qui se répétait sourdement dans le silence de la nuit.

A minuit, une vive lueur couvrit tout à coup le quartier du faubourg National; un immense incendie venait d'éclater dans la rue Sainte-Aurélie, allumé, disait-on, par une bombe tombée dans une grange remplie de foin. Le feu fit des progrès rapides, et en quelques instants une dizaine de bâtiments, composant six ou sept propriétés, ne formèrent plus qu'un seul brasier.

En état de siége l'usage est, paraît-il, de ne pas sonner le tocsin en cas de sinistre; mais l'organisation du service des incendies permit d'amener promptement des secours, et on se mit courageusement à attaquer les flammes. Les habitants des maisons en feu essayaient encore de sauver leur mobilier, et quelques-uns d'entre eux réussirent à transporter dans la rue une partie de leur avoir; mais bien des objets durent être abandonnés; des bestiaux, des provisions nombreuses, des marchandises de toute espèce devinrent la proie du feu.

Les propriétés des sieurs Federlin, jardiniers-cultivateurs; la maison Schott; la maison Freisz, habitée par M. Haberer, lithographe; la maison occupée par MM. Lévy frères, marchands de chiffons; la maison Kirnmann, d'autres maisons encore furent détruites de fond en comble, et une vaste étendue comprise entre la rue Sainte-Aurélie et le faubourg National ne fut plus dans quelques heures qu'un monceau de ruines.

La garde mobile, des détachements de troupes, la population prêtèrent un énergique concours aux pompiers, qui maîtrisèrent les flammes vers le matin entre quatre et cinq heures. Le faubourg National était encombré de meubles, de décombres, et des milliers de personnes contemplaient le lendemain ce triste tableau.

Les obus continuèrent à pleuvoir pendant toute la nuit, et à chaque instant il y avait quelque nouveau désastre ou quelque malheur à signaler.

Outre les batteries ennemies établies à l'est et à l'ouest de la ville, plusieurs batteries volantes concoururent à ce bombardement.

La maison Carré, place Gutenberg, eut les glaces de son 1er étage brisées par un obus; un projectile entra sur la même place dans la terrasse de la maison Sick et Marckert; rue des Serruriers, 15, au coin de la rue de la Chaîne, un obus démolit un mur et une cheminée et brisa les fenêtres d'une maison contiguë; la maison Masson, rue des Serruriers, eut deux plafonds percés; dans la rue de l'Épine, la rue de l'Ail et la rue des Tonneliers des projectiles tombèrent sur les bâtiments en démolissant les toitures et les murs; un obus éclata au milieu de la rue du Bateau; un autre fut lancé sur la maison de MM. Dietrich frères, quai Saint-Nicolas; devant l'estaminet Schützenberger, rue du Vieux-Marché-aux-Poissons, un obus éclata sur le pavé; six maisons du quai des Bateliers furent atteintes; un projectile tomba dans la cour du quartier Saint-Nicolas.

La brasserie des *Deux-Cognées*, le *Poêle-des-Jardiniers*, au faubourg National; la maison Schæffer, l'*hôtel d'Angleterre*, au Vieux-Marché-aux-Vins, reçurent des projectiles et furent fortement endommagées.

Aux environs de la Cathédrale, graves atteintes et graves malheurs; la Cathédrale elle-même ne fut pas épargnée, et une des galeries de la façade principale fut ébréchée par un projectile. Un obus tomba sur un bateau amarré devant le chemin de halage du quai des Bateliers, le troua en éclatant avec fracas et le fit sombrer; dans la rue des Pucelles, la maison Momy reçut un obus.

La maison Bach, rue des Juifs, construite en pierre de taille de 70 centimètres d'épaisseur, eut sa façade éventrée par un obus, qui éclata dans un appartement et dévasta tout le mobilier.

Dans la rue de l'Arc-en-Ciel, terrible malheur. Un obus tomba sur un pensionnat tenu par des Sœurs; deux jeunes filles furent tuées sur le coup; cinq autres, dont l'une mourante, furent transportées aussitôt à l'ambulance du Petit-Séminaire. M. le docteur Herrgott, médecin en chef, donna les premiers soins à ces malheureuses enfants; quatre de ces pauvres victimes durent être amputées de la jambe ou de la cuisse! En même temps on apportait à la même ambulance un ouvrier mortellement frappé.

Dans la rue Saint-Guillaume, une grande maison nouvellement construite à côté du Jardin botanique fut fortement endommagée; le presbytère de l'église Saint-Guillaume eut une partie de son toit enlevée; deux bombes tombèrent sur la Manufacture des tabacs, qui fut immédiatement évacuée.

Dix-sept maisons furent atteintes dans le quartier de la Krutenau.

La Citadelle était le point de mire principal d'une batterie établie à Kehl, près du Rhin. Là, le bombardement semblait ne plus devoir cesser. Les obus et les bombes y tombaient comme la grêle, blessaient, tuaient, brûlaient, brisaient et dévastaient. Un turco eut les jambes coupées; des soldats de toutes armes, des gardes mobiles furent atteints par des éclats. Des femmes, des enfants, des militaires s'étaient réfugiés dans une casemate de la Citadelle; les femmes, les enfants priaient, pleuraient, accroupis dans le souterrain qui lui-même n'était pas à l'abri des projectiles, car deux obus y entrèrent. Tout à coup un artilleur se précipite dans la casemate : « Vous êtes sous une poudrière, cria-t-il, et l'ennemi semble viser cet endroit! »... La poudrière heureusement était bien garantie. Quelle catastrophe si une bombe y avait pénétré! Les malheureux réfugiés profitèrent d'un instant de répit pour courir s'abriter ailleurs.

La tour de l'église de la Citadelle, le bâtiment des officiers supérieurs, les casernes, l'arsenal avaient été gravement endommagés par les projectiles.

Un obus tomba dans la salle de l'école Saint-Guillaume, à l'heure de la classe, et éclata. Par bonheur, on avait fermé l'école la veille et aucun enfant ne se trouvait dans la salle ; mais les pupitres et les bancs volèrent en pièces. Si les classes avaient été prolongées d'un jour, on aurait compté peut-être cinquante victimes de plus.

Les projectiles qui arrivaient du côté de Kehl vers la porte des Pêcheurs firent plusieurs victimes parmi les ouvriers qui travaillaient, en dehors de cette porte, à démolir quelques constructions. Un ouvrier occupé à la démolition du Petit-Moulin fut atteint par deux éclats qui lui causèrent des blessures auxquelles il succomba quelques heures après. Des projectiles furent lancés en grand nombre sur le chemin de halage, hors la porte des Pêcheurs, sur les chantiers où les ouvriers chargeaient dans des bateaux d'énormes quantités de bois qui, par ordre supérieur, devaient être rentrées à très-bref délai en ville.

Des projectiles tombèrent sur la place au Sable; d'autres éclatèrent contre la muraille du quai, aux abords du pont Saint-Étienne; un obus ou un éclat vint frapper le bâtiment du Petit-Séminaire, où se trouvaient de nombreux blessés. Plusieurs obus tombèrent aussi dans le canal des Faux-Remparts.

Partout enfin l'on constatait quelque dégât, quelque accident, quelque grave malheur.

19 août.

La matinée du 19 fut calme ; dans l'après-midi, le canon tonna du haut des remparts, d'où l'artillerie démolissait à coups de boulets plusieurs constructions situées près de la porte Nationale et près de la porte de Saverne et pouvant offrir asile à l'ennemi.

Dans la soirée, des détonations partaient de temps en

temps des ouvrages de la place. Vers minuit, une vive fusillade et plusieurs coups de canon retentirent du côté du faubourg National. Pendant près d'une demi-heure, la fusillade continua sans interruption, et le matin encore, d'intervalles en intervalles, les grosses pièces placées sur le rempart de la porte Nationale tonnaient avec fracas.

La ville se remplit aussitôt de toutes sortes de bruits au sujet d'attaques qui auraient été tentées de ce côté par l'ennemi. On disait que de nombreux soldats étaient arrivés en bateaux jusqu'aux Ponts-Couverts, dont ils voulaient forcer l'entrée; que les coups de feu partis du haut de nos fortifications les avaient décimés, et que les bateaux avaient été en partie coulés.

Aucune tentative pourtant n'avait été faite de ce côté de l'Ill. C'était le petit fort nommé *le Pâté*, situé hors la porte Nationale, à droite de la route de la Montagne-Verte, que des détachements ennemis avaient essayé de surprendre, protégés par une batterie établie près du cimetière Saint-Gall.

La fusillade qu'on avait entendue avait été échangée entre les soldats postés au Pâté et l'ennemi qui s'approchait, pendant que la batterie du cimetière Saint-Gall couvrait ses mouvements. Du haut du fort Blanc, ouvrage assez élevé et dominant les alentours, l'artillerie française avait pointé ses pièces sur la batterie ennemie, et, tirant par-dessus le Pâté, avait démonté celle-ci au cinquième coup de canon. Quelques blessés du côté des Français; chez l'ennemi, des morts et des blessés. La garde mobile prenait part à toutes ces escarmouches, à tous ces petits engagements, et chaque jour elle devenait plus familière avec les secrets de l'art de la guerre.

La proclamation suivante, qui lui fut adressée par le général Uhrich, prouvait du reste comment les services rendus par la garde mobile étaient appréciés :

Ordre de la Division.

« Officiers, sous-officiers, caporaux et brigadiers
de la garde nationale mobile,

« Les opérations relatives à la formation des bataillons ou batteries de la garde nationale mobile étant terminées, mon intention était de vous laisser acquérir, sous la direction de vos chefs, un certain degré d'instruction, et ensuite de vous convoquer pour vous passer en revue et apprécier vos efforts à devenir rapidement des soldats initiés au métier des armes.

« Les circonstances ne me permettent pas de réaliser ce projet. L'ennemi a fait son apparition autour des murs de la place. Votre présence sur les remparts et dans les ouvrages détachés est une nécessité de tous les instants; j'ajourne donc le moment de vous voir sous les armes. Il m'est rendu compte de votre attitude devant l'ennemi. Chaque jour vous vous montrez plus familiers avec les exigences du service et plus solides en présence des dangers qui se produisent.

« Vous serez bientôt complétement aguerris, vous et vos chefs; je vous remercie de vos efforts pour atteindre ce but... Persévérez ! !

« Fait au quartier-général à Strasbourg, le 19 août 1870.

« Le général de division, commandant supérieur,

« UHRICH. »

20 août.

Un seul événement signala cette journée, mais il suffit pour mettre la ville en mouvement et pour occuper toutes les conversations :

A quatre heures de l'après-midi, le capitaine de place Rœderer, accompagné du trompette Hœltzel, sortait par la porte de Pierres, se rendant au quartier-général badois établi près de Schiltigheim, pour un échange de correspondances. Le capitaine Rœderer et le trompette, qui avaient déjà plusieurs fois fait le trajet, étaient à cheval et portaient le drapeau blanc du parlementaire; après avoir rempli leur mission, ils revenaient par la petite route de Schiltigheim, lorsqu'à 300 mètres environ de la place, le cheval du capitaine prit l'allure du trot. Les parlementaires, paraît-il, doivent, d'après les règles de la guerre, revenir au pas vers la place d'où ils ont été envoyés.

Au même instant, des coups de feu partirent d'une houblonnière voisine; deux balles vinrent frapper le capitaine Rœderer : l'une l'atteignit au mollet, l'autre lui laboura le cou; son cheval s'abattit sous lui. Le trompette Hœltzel eut le képi traversé par une balle et la partie supérieure de la tête effleurée; une autre balle lui traversa la paroi gauche de la poitrine, sans faire de lésions graves. Les deux cavaliers tombèrent et furent recueillis par des ouvriers qui travaillaient dans les environs et qui les transportèrent en ville sur des brancards.

On eut peine à croire que cet événement ne fût pas le résultat d'un malentendu; quelques tirailleurs ennemis, se disait-on, voyant galoper le cheval du capitaine, auront tiré à tout hasard sur ce dernier et sur le soldat qui l'accompagnait. En effet, le lendemain, un parlementaire allemand vint présenter des excuses au commandant de la place, et annonça que les soldats qui s'étaient rendus coupables de cet attentat seraient rigoureusement punis.

21 août.

Le côté nord, qui devint le front d'attaque, était fortifié par de nombreux ouvrages se soutenant entre eux et s'étendant à une assez grande distance devant la place. Mais il était dominé en même temps par les collines, par les élévations de terrain sur lesquelles ou contre lesquelles sont bâtis les villages de Schiltigheim et de Hausbergen qu'occupaient l'ennemi. Le désavantage résultant pour la place de cette inégalité de terrain avait depuis longtemps frappé les hommes compétents, et dès 1866 le général Ducrot avait mis en avant le projet de construire un fort avancé sur ces hauteurs. Mais le projet fut abandonné.

Au sud de la place, les fortifications étaient très-peu compliquées ; ce côté n'avait pas besoin, du reste, d'ouvrages avancés, car il pouvait être facilement mis sous eau à presque une lieue d'étendue et il était défendu dans une certaine mesure par la Citadelle.

La ville était à peu près dégagée, du côté nord, des bâtiments et des arbres les plus gênants pour la défense. Du côté sud, les arbres des routes étaient seuls tombés, et à quelques centaines de mètres de la place s'élevaient encore de nombreuses constructions, maisons de campagne, auberges, entourées de vastes jardins, dont l'ensemble formait un véritable village. L'ennemi n'avait pas manqué de profiter de ces abris excellents pour se rapprocher quelquefois à courte distance de la ville, et du haut des remparts on avait à plusieurs reprises signalé des éclaireurs rôdant dans les plantations d'un horticulteur dont l'établissement était tout voisin de la porte d'Austerlitz.

Le 21 août seulement, un ordre prescrivit la démolition de toutes ces constructions.

C'était grand dommage, en vérité, de démolir les jolies maisons neuves qui s'étaient élevées là dans les dernières années, de dévaster tous les beaux jardins qui bordaient la route, d'attaquer avec la hache ces riants bosquets, ces massifs et ces allées; mais l'avis de l'autorité disait « par ordre du général », et l'on obéit. On déménagea ce qu'on put, et pendant deux jours de longues files de voitures entrèrent en ville, chargées à s'écrouler de meubles et d'objets de toute espèce. Puis la pioche, le feu et le canon commencèrent l'œuvre de destruction.

L'ennemi recevait chaque jour de nouveaux renforts et chaque jour il cernait la place plus étroitement. Il commençait ou continuait ses travaux autour de la ville entière, et le maire se vit forcé, le 21 août, de publier un arrêté par lequel il prévenait la population que les inhumations n'étaient plus possibles hors des murs et qu'un emplacement avait dû être assigné à l'intérieur de Strasbourg pour enterrer les morts. Plusieurs convois mortuaires, à peine sortis par les portes, avaient dû rebrousser chemin devant les projectiles ennemis ou devant des détachements de soldats qui leur défendaient d'aller plus loin.

Voici l'arrêté en question :

MAIRIE DE LA VILLE DE STRASBOURG.

ARRÊTÉ.

« Nous Maire de la ville de Strasbourg,

« Vu l'état de siége,

« Considérant que le cimetière de Sainte-Hélène est occupé pour la défense de la ville ; que le cimetière de Saint-Gall vient d'être envahi par l'ennemi, et que le cimetière Saint-Urbain, dont le sous-sol est rempli par les eaux d'inondations et qui n'offre plus beaucoup de terrains disponibles pour de nouvelles tombes, est également exposé à être occupé par l'ennemi ;

« Que dans ces circonstances il y a lieu de recourir à une mesure exceptionnelle et de faire provisoirement les inhumations à l'intérieur de la ville ;

« Avons arrêté ce qui suit :

« Art. 1er. Les inhumations se feront provisoirement au Jardin botanique.

« Toutes les précautions seront prises à l'effet de prévenir les exhalaisons insalubres.

« Après la cessation de l'état de siége, les corps pourront être exhumés et transportés aux anciens cimetières.

« Art. 2. Le présent arrêté sera soumis à l'approbation de M. le préfet et de M. le général de division commandant l'état de siége.

« Fait à Strasbourg, à l'Hôtel-de-Ville, le 20 août 1870.

« Le maire, Humann.

« Vu et approuvé :

« Le général de division, commandant supérieur,

« Uhrich.

« Le préfet du Bas-Rhin, baron Pron. »

Le Jardin botanique, dont il est question dans cet acte municipal, est situé dans le quartier de l'Académie, en face même des bâtiments de l'Académie. C'est là qu'on creusa des fosses énormes et qu'on déposa côte à côte, pendant toute la durée du siége, le riche et le pauvre, le vieillard et l'enfant, l'officier et le simple soldat. Une petite croix de bois, sur laquelle un nom était barbouillé à la hâte, indiquait la place de chaque cercueil, et chaque jour il fallut élargir cette tombe commune, où tant de victimes furent déposées.

Elle est là en grande partie, dans cet enclos transformé en champ funèbre, l'histoire de la résistance héroïque de Strasbourg, et chacune de ces croix représente un drame. L'une dit que l'enfant innocent fut frappé d'un obus au milieu de ses jeux insouciants; l'autre raconte qu'un père, qu'une mère fut arrachée du milieu des siens; ici le soldat, héros obscur, tombé aux avant-postes, foudroyé sur le rempart; là, l'officier, enlevé à la tête de ses hommes. Chaque Strasbourgeois a vu porter là-bas, dans ce triste jardin, un parent, un ami, un être cher; car chaque jour, pendant de longues semaines, a eu son deuil, et l'on ne pouvait passer une heure sans apprendre qu'une nouvelle victime venait d'être frappée.

Mais laissons encore ces descriptions attristantes; nous allons arriver bientôt aux pages douloureuses.

De temps à autre, on réussissait à faire entrer en ville quelques provisions, quelques bestiaux, et des spéculateurs éhontés s'empressaient de tirer profit de la situation malheureuse des habitants pour leur vendre, aux prix les plus élevés, les vivres qu'ils allaient de grand matin acheter aux abords des portes.

Il fallut que l'autorité prît des mesures pour faire cesser ce trafic, et le maire rendit à ce sujet l'arrêté suivant, qui mit fin, mais non complétement, à ces marchés honteux.

MAIRIE DE LA VILLE DE STRASBOURG.

ARRÊTÉ.

» Nous Maire de la ville de Strasbourg,

« Vu l'état de siége,

« Vu la dépêche par laquelle M. l'intendant militaire informe l'autorité que des courtiers vont au devant des cultivateurs qui amènent du bétail en ville, les engageant à le leur vendre à des prix très-modérés, et le revendent ensuite à des prix exagérés;

« Considérant que ces procédés constituent de véritables manœuvres qui, dans les circonstances actuelles, auraient pour résultat de faire accaparer par quelques intermédiaires le monopole du commerce du bétail, et qu'il appartient à l'administration de les faire cesser;

« Arrêtons :

« 1° Tout le bétail amené dans l'intérieur de la ville, pendant la durée du blocus, sera conduit directement sur le marché public établi aux abords de l'Abattoir. Ce marché aura lieu provisoirement tous les jours de huit heures du matin à six heures du soir.

« Défense expresse est faite à qui que ce soit d'aller au devant des cultivateurs qui amènent du bétail en ville, dans le but de les engager à traiter pour la vente de leurs animaux, à ne pas se rendre au marché public, ou à ne vendre qu'à un certain prix.

« 2° Le présent arrêté sera soumis à l'approbation de M. le général de division commandant supérieur.

« M. le commissaire central est chargé d'en assurer l'exécution.

« Strasbourg, le 20 août 1870.

« Le maire, HUMANN.

« Vu et approuvé :

« Le général de division, commandant supérieur,

« UHRICH. »

La journée fut signalée par quelques petites escarmouches d'artillerie dans lesquelles les canons des remparts démolissaient quelque batterie volante ou cherchaient à empêcher les travaux des assiégeants. L'artillerie de la place venait d'être renforcée d'un certain nombre de gardes nationaux qui, ayant servi autrefois dans l'armée, se réunirent sous le commandement d'un ancien capitaine nommé Hering et firent le service des remparts comme les soldats des régiments.

La nuit fut tranquille. Deux ou trois coups de feu dans le lointain : quelque sentinelle qui aura cru voir un danger. Du côté de la porte Nationale une immense lueur se reflétait au ciel. Dans la journée on avait incendié, pour déblayer les abords de la place, plusieurs bâtiments situés sur la route de Lingolsheim et de la *Montagne-Verte*. La lueur éclairant la nuit provenait de ces bâtiments qui étaient encore en flammes.

22 août.

La poudre ne parla ni dans la nuit du 21 août ni dans la journée du 22; on ne comptait pas naturellement les quelques coups de fusil échangés entre l'un ou l'autre des postes des fortifications et les patrouilles ennemies. Mais une émotion terrible s'empara de la population vers le soir. On avait appris que le général commandant les troupes assiégeantes avait encore une fois sommé le commandant de la place de se rendre et lui avait annoncé qu'il était prêt au siége et au bombardement *régulier* de la ville. La nouvelle n'avait pas été communiquée à la population, mais elle transpira et se répandit avec la rapidité de l'éclair.

De nombreux habitants se rendirent vers le soir à la Mairie pour avoir quelques renseignements précis. Le maire avait dit à plusieurs citoyens qu'ils pouvaient être assurés de passer une nuit paisible; puis un peu plus tard, il les prévint qu'il y avait au contraire de grands dangers à craindre pour la nuit. Les citoyens qui s'étaient rendus à l'Hôtel-de-Ville pour s'enquérir de ce qui se passait en réalité, rencontrèrent dans la cour M. le baron Pron, alors préfet du Bas-Rhin, qui, sur leur interpellation, leur répondit par une plaisanterie qu'il trouva sans doute agréable, mais dont on aurait pu discuter peut-être l'opportunité. Ah! c'est que M. le baron Pron était un si plaisant fonctionnaire!

La nuit fut complétement paisible; mais on s'inquiéta de ce silence. C'était en effet le calme précédant l'orage.

23 août.

Le 23 août, on lisait sur les murs de la ville:

6e DIVISION MILITAIRE.

« Habitants de Strasbourg,

« Le moment solennel est arrivé.

« La ville va être assiégée et soumise aux dangers de la guerre.

« Nous faisons appel à votre patriotisme, à votre virile énergie, afin de défendre la capitale de l'Alsace, la sentinelle avancée de la France.

« Des armes seront délivrées aux citoyens désignés par M. le Maire, à l'effet de concourir à la protection de nos remparts.

« Amis! courage! La patrie a les yeux sur nous!

« Fait au quartier-général à Strasbourg, le 22 août 1870.

« Le général de division, commandant supérieur,

« UHRICH.

« Le préfet du Bas-Rhin,

« Baron PRON.

« Le maire de Strasbourg,

« HUMANN. »

Il n'y avait donc plus à douter. Le moment solennel est arrivé, disait le général. Et les journées d'angoisses qu'on avait déjà passées, et les nuits du 15 et du 18 août où il y eut tant de ruines et de victimes, elles n'étaient donc point solennelles! il y avait donc d'autres périls à craindre, d'autres malheurs à redouter?... Hélas! elles étaient bien légères les souffrances que Strasbourg avait éprouvées, si on les compare à celles qui devaient frapper encore la vieille cité.

On commenta avec anxiété la proclamation du général; chacun courut chez soi, mettre en sûreté ses objets les plus précieux, et entasser ses meubles, ses papiers dans la cave, et se préparer, dans la cave aussi, un asile pour la nuit.

Tout à coup les groupes qui stationnaient dans les rues prirent une physionomie qui semblait bien étrange dans les circonstances du moment. On vit les citoyens quitter comme par enchantement leur mine inquiète; on se serrait les mains avec effusion, on avait l'air heureux, joyeux, et l'on peut dire qu'il s'en fallut de peu qu'on ne s'embrassât.

Ou venait d'apprendre que l'*Impartial du Rhin*, un des journaux paraissant à Strasbourg, avait reçu à midi un journal parisien qui contenait le récit d'une grande victoire remportée par les Français, et plusieurs autres nouvelles tout à fait heureuses pour la France.

Depuis le 13 août on ignorait complétement à Strasbourg ce qui se passait à Paris; et ce que l'on savait de l'armée de Metz remontait au 17 août. Elle était donc bien naturelle, la joie qui avait éclaté à l'annonce des succès échus aux Français. Le complet isolement dans lequel on vivait avec le dehors était un poids qui pesait péniblement sur tous les esprits, et lorsque ce poids était soulevé quelque peu seulement, lorsque le voile couvrant pour les Strasbourgeois tout ce qui se passait au delà de leurs murs s'entr'ouvrait légèrement, c'était une immense sensation qui s'emparait de tous les cœurs, sensation dont on ne peut se rendre compte si l'on a pas été à même de l'éprouver.

En les faisant passer de bouche en bouche, l'on avait évidemment grandi les nouvelles qui ce jour-là étaient arrivées en ville; mais quand les exagérations s'effacèrent, il en resta encore assez pour contenter les esprits. A quatre heures, l'*Impartial du Rhin* parut; il avait communiqué les épreuves de son numéro à son confrère, le *Courrier du Bas-Rhin*, et celui-ci publia en toute hâte un supplément, de telle sorte que la ville entière fut bientôt mise au courant des événements racontés par la feuille parisienne, qui était, je crois, un *Moniteur du soir*. On se battait devant les kiosques à journaux, et ceux qui réussissaient, dans la bagarre, à se procurer un numéro de l'*Impartial* ou du *Courrier*, étaient aussitôt entourés de cinquante, de cent personnes demandant qu'on lût à haute voix l'intéressant journal.

On lut donc que le maréchal Bazaine venait de remporter une grande victoire près de Metz; que les mitrailleuses françaises avaient décimé l'ennemi; que *de la splendide armée du prince Frédéric-Charles il ne restait que des débris;* que la Bourse de Berlin avait baissé de deux francs; que la Prusse appelait à son aide toutes les garnisons de ses forteresses.

Dans toutes ces nouvelles favorables à la France entière, les Strasbourgeois entrevoyaient pour leur compte particulier une délivrance prochaine; les sentiments patriotiques et le sentiment du salut personnel étaient à la fois satisfaits. On ne se demandait même pas si l'un ou l'autre des faits racontés pouvait être faux, — et Dieu sait si tous ces faits ensemble étaient loin de la réalité, — on se crut sauvé et l'on oublia le danger, et la proclamation du général annonçant que le moment solennel était arrivé semblait ne plus s'étaler sur les murs.

Alors vint, pour faire crouler tout cet édifice de joie et d'espérances, la première de ces nuits horribles que Strasbourg passa dans l'angoisse et les terreurs.

A neuf heures moins le quart, un bruit dont on avait appris déjà à connaître la nature, mit subitement la population en éveil. C'était le canon qui grondait. Le bombardement que le général ennemi avait annoncé venait de s'ouvrir.

A partir de ce moment jusqu'au lendemain à huit heures du matin, plus de onze heures durant par conséquent, le feu de l'ennemi ne cessa pas un instant. C'était un continuel roulement de tonnerre, des sifflements stridents qui s'entrecroisaient dans l'air, puis le fracas des cheminées et des murs qui s'écroulaient, et de temps en temps des cris plaintifs, des cris de douleur qui s'entendaient au loin.

La nuit était très-sombre ; il pleuvait, et du haut des remparts il était impossible de distinguer la position des batteries ennemies qui, abritées derrière quelque bâtiment ou derrière les talus du chemin de fer, tiraient sans pouvoir être démontées.

Il n'est pas possible de raconter les désastres que les innombrables projectiles lancés par l'ennemi causèrent cette nuit. Il faudrait citer presque toutes les rues de la ville et dans certaines rues presque toutes les maisons. Les obus arrivaient de tous les côtés et tombaient sur les églises, sur la Cathédrale, sur les ambulances, sur les hôpitaux.

Dans le faubourg de Pierres, le faubourg de Saverne, le faubourg National, dans la Grand'rue et dans les rues qui y aboutissent, sur la place Kléber, dans la rue de la Mésange, dans le quartier du Finckwiller, sur la place Saint-Thomas, la place des Moulins, dans la rue des Serruriers et les rues voisines, au Marché-aux-Poissons, dans la rue des Sœurs, la rue des Frères, sur les quais, dans la rue des Maisons-Rouges, la place Saint-Nicolas, la rue Neuve-des-Pêcheurs, le quartier de l'Arsenal, les maisons furent criblées d'obus.

Sept projectiles tombèrent sur l'Hôpital civil, sans y blesser personne heureusement; un obus tomba sur le Grand-Séminaire qui renfermait une ambulance; plusieurs obus tombèrent sur le Petit-Séminaire, où en toute hâte on transporta dans les caves les blessés qui y étaient installés; le Séminaire protestant, également transformé en ambulance, fut atteint; dans l'ambulance des Petites-Sœurs, rue Saint-Louis, un projectile tua un soldat, un zouave blessé. Au faubourg National, une femme eut les deux bras enlevés; dans la rue des Balayeurs, une femme eut l'épaule fracassée; dans la rue des Maisons-Rouges, deux enfants furent tués.

La caserne Saint-Nicolas fut fortement endommagée; la toiture de l'Arsenal fut démolie; l'église Saint-Thomas, la Monnaie, le Temple-Neuf furent atteints par des projectiles.

Dans la rue du Jeu-des-Enfants, chez un fripier nommé Haberkorn, le feu exerça des ravages considérables; place Saint-Nicolas, au restaurant Vasbender, incendie également assez important.

En plusieurs endroits il y eut des commencements d'incendie; dans la maison Knoderer, rue des Dentelles; dans la tour de l'église Saint-Thomas le feu avait éclaté; mais les postes de sûreté organisés par les citoyens l'éteignirent promptement. Ces postes fonctionnèrent, du reste, dans toute la ville avec un dévouement et un zèle admirables. Sans crainte du péril, les rondes circulaient dans les rues, et aussitôt qu'un projectile tombait sur une maison, elles se hâtaient d'accourir, d'examiner la place atteinte et de porter secours dès qu'il y avait du danger.

Pendant que les batteries établies au nord et au sud de la place bombardaient la ville même, des batteries établies à Kehl, tout près du Rhin, bombardaient la Citadelle. Celle-ci fut littéralement criblée de projectiles, et le lendemain matin un des bâtiments construits dans son enceinte prenait feu et était détruit par les flammes. Les obus ne cessèrent pour ainsi dire plus de tomber sur la Citadelle à partir de ce jour jusqu'à la fin du siége. L'artillerie badoise qui la bombardait tirait nuit et jour avec trente-deux canons et huit mortiers, abrités par de forts blindages et des ouvrages en terre contre lesquels les boulets étaient impuissants.

24 août.

Du côté de la porte de Saverne, près des bâtiments des Rotondes, l'ennemi avait essayé, le veille, de construire quelques ouvrages, et à quelque distance, des ouvriers français exécutaient des travaux nécessaires à la défense de la place. Pour protéger ces ouvriers et empêcher les travailleurs de l'ennemi d'achever leur besogne, on avait envoyé en avant des fortifications un piquet de vingt douaniers, qui s'appuyèrent sur un autre piquet d'une vingtaine de gardes mobiles placés en arrière.

Ces quarante hommes échangèrent pendant toute la nuit des coups de fusil avec les tirailleurs ennemis, qui se cachaient dans les replis de terrain ou dans la tranchée du chemin de fer. Le colonel Blot, du 87e de ligne, commandant le front de défense, vint le matin du 24 voir les douaniers à l'œuvre. Ceux-ci continuaient à tirailler avec audace, et le colonel leur criant tout à coup : « Allons, douaniers, en avant! » ils s'élancèrent avec tant d'entrain qu'ils coupèrent et entourèrent un groupe de Prussiens. Grâce au concours de quelques travailleurs des fortifications, accourus aussitôt, ils s'emparèrent de neuf soldats du 34e régiment de Poméranie, dont deux légèrement blessés, et les conduisirent à l'état-major de la place.

La nuit du 24 août..... ah! ce n'est pas sans frémissement que nous y reportons nos souvenirs, et l'on est en droit de dire que l'homme ne peut subir de tortures plus horribles que celles qu'une population de quatre-vingt mille âmes endura pendant cette nuit. Quels désastres! quelles ruines! quel deuil!

Le bombardement commença un peu après huit heures, et toutes les bouches à feu que l'ennemi avait réunies autour de la place durent vomir en même temps leurs terribles projectiles. Pas un instant de trêve ni de silence; c'était une infernale grêle d'obus qui sifflaient avec fureur et dont les éclats, anguleux, tordus, produisaient en coupant l'air une espèce de ronflement sinistre qui glaçait de terreur. Dans les caves, les femmes, les enfants pleuraient et priaient; les hommes étaient mornes, abattus et ne prenaient courage que dans le devoir de veiller sur leurs familles, dans le désir de sauver leurs biens; les malades, les blessés souffraient affreusement de ce bruit épouvantable; on se demandait quelquefois si l'on ne rêvait pas, si l'on n'était pas le jouet d'un cauchemar.

Ils auraient dû être tous là, les hommes qui disaient que cette guerre était nécessaire. Ah! pourquoi ne se trouvaient-ils point ensemble au milieu de ces horreurs tous ceux qui avaient acclamé les paroles du despote qui lançait à l'Allemagne sa provocation funeste. Ceux qui, le *cœur léger,* ricanant et la main sur la hanche, avaient dit qu'ils acceptaient toute la responsabilité de la lutte qui s'ouvrait, ceux qui pour satisfaire leur ambition, pour repaître leur soif de gain, ceux qui pour laver une honte ou un crime ont décrété ou approuvé la guerre de 1870, j'aurais voulu les voir tous souffrir avec la population de Strasbourg. Au milieu des ruines, des flammes, des morts et des mourants, j'aurais voulu les contempler, tremblants de terreur, et pour leur châtiment les forcer alors de crier : Vive la guerre !

A dix heures on entendit tout à coup, entre le fracas des obus, le cri : Au feu! au feu! poussé par les gardiens de la tour de la Cathédrale. Au feu! Temple-Neuf! puis un peu plus tard : Au feu! rue du Dôme! une demi-heure après : Au feu ! Broglie ! puis encore : Au feu! rue de la Mésange! Au feu! place Kléber! Au feu! quai Finckmatt! Au feu! rue du Bouclier! Toute la nuit retentit ce cri funèbre et une immense lueur rouge couvrit la ville tout entière de son sinistre reflet.

Que de trésors perdus dans ces quelques heures! Le Musée de peinture, l'église du Temple-Neuf, la Bibliothèque de la ville, les plus belles maisons des plus riches quartiers, des rues presque entières n'étaient plus que des ruines.

Le Musée de peinture avait été installé depuis peu dans

le bâtiment de l'Aubette, une vaste construction en pierres de taille, qui occupait tout un côté de la place Kléber. Le rez-de-chaussée se composait d'un corps-de-garde, d'une écurie pour la garnison, du bureau du commissaire de police du canton Nord, du tribunal de police simple; l'une des ailes renfermait les bureaux de l'état-major de la place; le premier étage contenait les salles du Musée; le deuxième étage était occupé par plusieurs locataires, le troisième par la photographie des frères Gerschel.

Le Musée était petit, il est vrai, mais il avait quelques toiles célèbres sur son catalogue. Des œuvres du Corrége, du Tintoret, du Guide, d'Alexandre Véronèse, de Schœngauer, de Hans Hemling, de Jacob Jordæns, de Philippe de Champaigne, d'Arnauld van Gueldre, *la Dispute dans un cabaret flamand*, un petit chef-d'œuvre d'Adrien van Ostade; des tableaux de Claude le Lorrain, de Laurent de la Hire, de Charles Le Brun, de Jean-Baptiste Oudry, de Brion; puis des toiles signées Zix, Gimpel, Gabriel Guérin, Beyer, Lix, Schützenberger, Ehrmann, Holtzapffel, Théophile Schuler, Jundt, des peintres strasbourgeois; deux statues d'Ohmacht; deux statues de Grass, dont un *Icare* magnifique; des dessins, des gravures, des reproductions nombreuses..... tout cela a été détruit sans qu'il en soit resté trace.

La Bibliothèque....., le monde entier doit pleurer sa destruction. Deux ou trois cent mille volumes, plusieurs milliers de manuscrits, plusieurs milliers d'incunables; un *Hortus deliciarum*, par l'abbesse Herrad de Landsberg, un gros volume in-folio, écrit vers 1280, enrichi de miniatures charmantes, vrais trésors pour l'histoire de l'art de l'ornement et du costume; un recueil des lois canoniques, fait par Rachio, évêque de Strasbourg, en 788;

un recueil de prières en caractères d'or et d'argent sur vélin pourpré, du huitième siècle; un missel avec les armes de Louis XII et signé par l'évêque François de Lyon, du seizième siècle; la collection des Constitutions de Strasbourg, les actes du procès de Gutenberg avec les héritiers de son ancien associé Dritzehn; une collection d'antiquités gallo-romaines, des armes, des urnes, des cercueils; un plan en relief de la ville et de ses fortifications, fait en 1574; les instruments de torture autrefois en usage à Strasbourg; le pot en bronze dans lequel les Zurichois apportèrent, en 1576, une bouillie restée chaude depuis Zurich; le bonnet rouge de la Cathédrale du temps de la Terreur; le sabre de Kléber; puis toute l'histoire de l'Alsace, puis des médailles, des vitraux, des portraits, des collections uniques sur la terre que le monde savant de l'Europe venait souvent consulter.... Il est resté de tous ces joyaux un peu de poussière et quelques feuillets de parchemin noirci dont le vent dispersa les débris....

Le Temple-Neuf..., la plus vaste église protestante, une des plus vieilles églises de la ville, élevé en 1260 par les Frères dominicains, orné de beaux monuments funéraires, renfermant une *Danse des morts,* peinture à fresque très-curieuse, représentant un dominicain en chaire, puis la Mort conduisant au tombeau un pape, des cardinaux, un empereur, une impératrice, un roi, une reine, un évêque et des moines; possédant un orgue célèbre, exécuté par le fameux André Silbermann...; le Temple-Neuf fut dévasté par le feu du faîte jusqu'au sol, et il n'en resta debout que quatre murs chancelants.

Dans la rue du Dôme, la maison Sütterlin, la maison Laroche, la maison Flach, belles propriétés privées; la moitié de la rue du Temple-Neuf; sur la place du Broglie, la maison Scheidecker, splendide édifice particulier, le plus beau de la ville, contenant le Cercle du Broglie, et de magnifiques magasins, construit tout en pierres de taille, ayant une façade artistement sculptée et d'élégants balcons; ruines tout cela, décombres méconnaissables, quelques pierres et quelques poutres entassées entre des murailles prêtes à s'écrouler.

Tous ces édifices avaient pris feu à peu près à la même heure, l'un incendiant rapidement l'autre par la chaleur qui se dégageait des flammes et par les étincelles qui jaillissaient du brasier. Comment porter secours sur tant de côtés différents! Il fallut laisser s'achever l'œuvre de destruction, et les malheureux habitants des maisons en feu avaient à peine le temps de se sauver en emportant tout au plus un petit paquet de leurs objets les plus précieux.

Le bombardement était toujours plus terrible et les obus tombaient par centaines sur les bâtiments enflammés, blessant, tuant ceux qui voulaient se dévouer au sauvetage, allumant, effondrant d'autres constructions, sifflant, éclatant avec fracas au milieu du bruissement des flammes, de l'écroulement des façades, des toits, des maisons entières.

Dans la rue, des malheureux qui se sauvaient; des femmes ayant des enfants dans les bras, pleurant et éperdues, courant comme folles pour chercher un refuge; des vieillards, des malades, qu'on emportait avec peine; ici un blessé qui gémissait, là un mourant qui râlait; quelquefois, aux fenêtres, des cris déchirants, un appel au secours; puis les tuiles qui tombaient, les cheminées qui s'abattaient; et tout à coup, un peu plus loin, une nouvelle lueur qui se lève, une nouvelle gerbe de feu qui jaillit... C'est un autre édifice qui brûle; la flamme déjà sort par vingt issues, par le toit, par les fenêtres, par toutes les ouvertures, et les habitants, réfugiés à la cave, quittent à la hâte un asile qu'ils croyaient sûr, heureux si dans leur fuite ils ne sont pas frappés par un projectile ou par les débris de leur maison qui commence à s'écrouler.

Le sol trembla et jusqu'au ciel montèrent les nuages de poussière et de fumée, quand l'Aubette, quand le Temple-Neuf, quand la Bibliothèque, quand les autres édifices s'effondrèrent l'un après l'autre... Et l'on avait crié : *Vive la guerre !...*

25 août.

Le lendemain matin seulement on put se rendre compte du désastre; aux maisons incendiées déjà nommées, il faut ajouter la maison Lichtenfelder, quai Finckmatt, détruite complétement; la maison Kampmann, rue du Bouclier, dont le toit fut consumé; un des bâtiments du Gymnase protestant, allumé par l'incendie du Temple-Neuf. Outre les ravages du feu, il y avait de grands dégâts partout; la Mairie, entre autres, avait été criblée de projectiles; le sol était jonché de débris, de tuiles, de verre, et pas une rue n'avait été épargnée.

La population contemplait ces ruines d'un œil morne et terrifié. Il y eut des larmes qui coulèrent devant ce spectacle affligeant, dont on s'arrachait comme on s'arrache quelquefois d'une tombe pour ne pas étouffer de douleur. Et pourtant, ce n'était pas encore la fin.

Dans la matinée du 25, de nouveaux incendies éclatèrent. Des obus mirent le feu au Moulin des Huit-Tournants, situé au faubourg National, tout à côté de la porte et adossé au rempart. Ce moulin servait à moudre le grain pour la garnison et était construit dans des conditions exceptionnelles de solidité; mais il fut brûlé jusqu'au sol, et trois maisons voisines devinrent également la proie des flammes. Au marais Kageneck, huit maisons avec granges et écuries; rue Moll, deux maisons furent détruites. Un épais nuage de fumée s'étendit pendant toute la journée sur la ville, et une odeur étouffante, provenant des décombres des incendies, vint se répandre dans les rues et s'introduire jusque dans les appartements.

Il est impossible de décrire l'émotion qui régna à Strasbourg pendant cette journée; on se disait avec terreur que deux ou trois nuits comme celle qu'on venait de passer suffiraient pour détruire la moitié de la ville, et l'on se demandait s'il n'y avait pas au monde un moyen d'éviter de nouvelles catastrophes. Il y en aurait eu un seul, c'était de se rendre; mais personne dans la brave cité de Strasbourg n'osa même songer à ce moyen-là. Des groupes stationnaient sur la place du Broglie, où pour ainsi dire l'on s'était donné secrètement rendez-vous. Un certain nombre de gardes nationaux déclaraient qu'ils étaient prêts à marcher contre les assaillants, et demandaient à échanger contre des chassepots les fusils à piston dont ils étaient armés. Bientôt une foule considérable se massa devant la Mairie et devant le Quartier-Général, où plusieurs membres du Conseil municipal et plusieurs autres citoyens venaient de se rendre pour demander au général Uhrich quelques éclaircissements sur la situation. On voulait savoir si la garnison était assez forte pour pouvoir repousser les troupes assiégeantes et les maintenir à distance.

On voulait savoir aussi si les femmes, les enfants et les vieillards ne pourraient pas sortir de la place, dans le cas où le bombardement devrait continuer.

Le général répondit qu'il était en état de défendre la place, de la maintenir pendant plusieurs mois; mais qu'il lui était impossible, avec le peu d'hommes dont il disposait, de tenter une attaque sérieuse contre l'ennemi, dont les forces très-considérables pourraient écraser d'un seul coup la plus grande partie de sa petite garnison. Il voulait donc ménager ses soldats et ne point s'exposer à affaiblir ses moyens de défense. Il ne voulait pas davantage compromettre inutilement la garde nationale sédentaire, dont l'armement était insuffisant, mais à laquelle il rendait hommage pour sa vaillance et son attitude courageuse. M. Humann, alors maire de Strasbourg, vint dire ce qui précède à la foule qui stationnait devant le perron de l'Hôtel-de-Ville, et, en annonçant qu'on se trouvait en état de se défendre, il ajouta que la délivrance était peut-être plus proche qu'on ne le pensait. Mais elle n'était ni proche ni lointaine cette délivrance, et elle ne devait jamais arriver.

La France ne pouvait plus secourir Strasbourg. Elle n'avait plus d'armes, elle n'avait plus de soldats; elle était épuisée et ses efforts pour se soulever eussent été stériles. On accusait alors la France et l'on disait à Strasbourg: « Le pays nous abandonne; ne connaît-il pas les forces de notre défense? Ces incendies dont les lueurs éclairent la campagne à dix lieues à la ronde, ne sont-ils pas comme de désespérés appels au secours? Pourquoi ne répond-il pas à nos cris de désespoir? »

Pauvre France! elle était trahie par ceux-là mêmes qui l'avaient affaiblie, opprimée, corrompue. Ceux qui s'étaient, pendant de longues années, gorgés de son sang et de ses richesses, ceux-là disaient : « Nous tombons, mais elle tombera avec nous ! » Ceux-là seuls sont coupables ; la France est innocente.

L'évêque du diocèse tenta, le 25 août, d'intercéder en faveur de la malheureuse ville. A trois heures de l'après-midi, il sortit de la place avec un parlementaire pour se rendre au quartier-général de l'armée assiégeante, à Holtzheim ou à Mundolsheim, où devait se trouver le grand-duc de Bade. L'évêque connaissait particulièrement le grand-duc, et il comptait invoquer d'amicales relations, des rapports de longue date avec le père de ce souverain, pour être reçu plus facilement. Il voulait demander que le bombardement cessât contre la ville elle-même, contre sa population inoffensive, contre ses édifices, et que les hostilités fussent dirigées seulement contre les fortifications, les remparts, la Citadelle, la garnison. Mais il n'arriva que jusqu'aux avant-postes ennemis, où il fut informé que sa démarche serait vaine et d'où il revint tristement vers la ville.

Quant à la question que la population se posait : si les femmes, les enfants et les vieillards pourraient sortir de la place, le général Uhrich l'avait adressée au général de Werder, commandant en chef de l'armée assiégeante, et celui-ci avait répondu que les femmes, les enfants et les vieillards étaient un élément de faiblesse pour la ville, par conséquent un élément de force pour lui, et qu'il ne pouvait abandonner cet avantage précieux.

Le bombardement des premiers jours avait, du reste, été expressément dirigé sur la ville elle-même dans l'espoir que la population, terrifiée, exercerait sur l'autorité militaire une pression qui forcerait celle-ci à rendre immédiatement la place. Pour l'honneur de Strasbourg, cet espoir fut déçu.

Que de désastres encore dans cette nuit du 25 août! Dès sept heures du soir, le bombardement commença avec la même fureur que la veille. C'était un fracas épouvantable, un tapage assourdissant, que produisaient les obus en éclatant sur la ville et les canons des remparts en répondant à l'artillerie ennemie.

Que de millions encore, que de fortunes qui s'écroulèrent! De tous côtés, les flammes jaillirent, et de loin, de bien loin, on entendait leur bruissement sinistre. Dans les rues, même tableau déchirant que la veille. Des familles fuyant, emportant à la hâte quelques objets à la main et tournant un dernier regard vers leurs maisons que le feu dévorait; des enfants, des femmes pleurant à fendre l'âme; puis des brancards avec des blessés; ici un père marchant à côté de la civière sur laquelle est étendu son fils mourant; là, de tout petits enfants suivant en larmes le cadavre de leur mère frappée pendant qu'elle voulait les sauver de la mort! Dans les caves, chacun veillait; on avait près de soi un sac de voyage dans lequel on avait serré quelques vêtements, et l'on était prêt à partir pour fuir l'incendie qui pouvait éclater à chaque instant.

Dans la rue de la Mésange, cinq maisons furent détruites: trois situées au milieu de la rue, les deux autres du côté du Broglie. La belle maison de M. Benjamin Lévy, formant le coin du Broglie et de la rue des Étudiants; une autre maison, contiguë à celle-ci, brûlées jusqu'à terre. Tout un côté de la rue des Récollets, la rue du Fort tout entière, le quai Schœpflin, deux maisons de la rue des Frères, deux maisons de la place de la Cathédrale, cinq ou six maisons du faubourg National, l'école Sainte-

Aurélie, le presbytère de Sainte-Aurélie, détruits de fond en comble. Quel spectacle qu'une rue entière embrasée ! Le feu jaillissait par une centaine de fenêtres et s'élevait en colonnes par les toits effondrés, c'était une mer de flammes, au milieu de laquelle on entendait parfois le cri d'un malheureux qui avait essayé d'arracher encore un peu de son bien à la destruction et qui ne trouvait plus d'issue pour s'échapper ! Les murs, les toits s'écroulaient avec fracas dans le brasier, d'où s'élevaient des millions d'étincelles que le vent chassait au loin.

Vers le milieu de la nuit, Strasbourg put contempler un tableau terriblement grandiose : la Cathédrale, malheureusement transformée en poste d'observation, avait été criblée de projectiles et l'immense toiture qui couvrait la nef était en feu. On ne peut décrire l'effet que produisait la masse de pierre, l'énorme chef-d'œuvre entouré de flammes et éclairé jusqu'à sa flèche par l'incendie. C'était fantastique, saisissant et horrible en même temps.

Que de drames encore cette nuit ! Au faubourg National, ceux dont les maisons brûlaient se réfugièrent dans le corps-de-garde près de la porte ; mais là les obus pleuvaient et les malheureux durent fuir. Les uns couraient le long du rempart, les autres se réfugièrent dans une casemate, d'autres sous un pont. Des mères avaient perdu leurs enfants ; chacun cherchait un des siens dont il s'était séparé en fuyant, ne sachant pas jusqu'au lendemain s'il ne devait point pleurer sa mort.

Mais la plus poignante scène de désolation et de terreur se passa à l'hôpital civil, qui avait reçu des projectiles comme les autres édifices, et dont l'église nouvellement construite s'était enflammée. Les salles étaient remplies de malades, d'impotents, de vieillards, et à tout moment les obus éclataient près d'eux. Toute cette population de malheureux allait peut-être trouver la mort sous les ruines de l'édifice, et l'on pense quels durent être leurs cris, leurs gémissements, leurs angoisses. On lutta avec l'énergie du désespoir contre le fléau, et l'église seule fut détruite.

La belle gare du chemin de fer brûlait aussi; les bâtiments de la Citadelle étaient en flammes; le Gymnase brûlait pour la seconde fois depuis la veille. Partout enfin le feu, les ruines, la désolation.

La façade de la Mairie était ravagée; les terrasses couvertes en verre des deux beaux cafés de la place du Broglie totalement abimées; la Banque de France et les maisons qui l'environnent, la Préfecture, la rue de la Nuée-Bleue, la rue des Juifs, la maison Berger-Levrault surtout, le beau pont du Théâtre avaient été criblés de projectiles qui les avaient saccagés.

La Cathédrale, outre la toiture de la nef, qui avait été brûlée, avait eu de cruelles atteintes; des sculptures, des colonnettes, des statues étaient mutilées, l'orgue était troué par un obus, les vitraux brisés. A l'extérieur et à l'intérieur, le sol était jonché de débris de pierres et de verres de vitraux. L'horloge astronomique, cette merveille, n'était heureusement pas endommagée.

Des centaines de familles avaient perdu tout leur avoir dans cette nuit désastreuse et se trouvèrent sans asile le lendemain.

On ne peut raconter complétement l'histoire de ces longues heures d'angoisses; il faudrait des volumes pour dire tout ce qui se passa dans une seule de ces nuits de douleur, de larmes et de deuil; la plume aussi se lasse à la fin de ces horreurs qu'elle doit décrire, et s'égare dans ce dédale de calamités.

26 août.

On pensa devenir fou de joie vers le soir de cette journée. Cette fois, disait-on, la chose est certaine, on n'en peut plus douter; du haut de la Cathédrale, on les a vus, on les a annoncés, ils sont au moins quarante mille. On parlait de soldats français! On allait être délivré, et en effet, — ô puissance de l'imagination! — on entend gronder le canon au loin, il y a une bataille entre les assiégeants et le corps de délivrance; le bruit du canon se rapproche, l'ennemi est repoussé contre les murs et se trouve entre deux feux. Victoire, nous sommes sauvés! Et l'on courait dans les rues, et l'on était rayonnant et l'on se pressait l'un vers l'autre: «Vous savez la nouvelle? — Oui. — Ah! il était temps! mais j'ai toujours dit qu'ils arriveraient...» et ainsi de suite. Et ils n'arrivèrent encore pas, et toute l'heureuse histoire avait été l'invention de quelque cruel plaisant.

Quand la nuit fut venue, on dut croire aux environs de Strasbourg que l'œuvre de destruction qui s'accomplissait depuis quelques jours s'achevait ce soir-là par un immense et suprême désastre, car la ville devait paraître un seul brasier, une seule et gigantesque nappe de feu dans laquelle s'abîmaient les biens et la vie de quatre-vingt-dix mille créatures humaines.

Le faubourg National, déjà si éprouvé, prit feu de nouveau, et l'un de ses côtés fut détruit à moitié; de là le sinistre s'étendit aux rues avoisinantes et tout un quartier fut bientôt en flammes; c'était le quartier des jardiniers-cultivateurs, une population laborieuse, riche, utile, dont chaque famille habitait une maison organisée comme les grandes fermes des villages, avec écuries, granges, bestiaux, basses-cours, jardins. La Petite-Rue-de-la-Course, la Grande-Rue-de-la-Course, la rue Déserte, la rue des Païens brûlèrent toutes dans cette seule nuit.

On tenta, comme toujours, de sauver ce que l'on put, mais ces tentatives étaient pour la plupart vaines et surtout dangereuses, car les projectiles tombaient par centaines sur tous les points de la ville d'où s'élevaient les flammes, tuant, blessant, mutilant des malheureux par dizaines. La chaleur qui se dégageait de ce brasier dessécha pour ainsi dire d'autres rues, qui s'enflammèrent comme une traînée de poudre à la première étincelle. Le marais Kageneck, quartier populeux, rempli de familles ouvrières, prit feu à son tour et fut réduit dans cette nuit presque entièrement en ruines. Au faubourg de Pierres, même désastre : une longue rangée de maisons fut détruite.

Dans la rue Thomann, un groupe d'une vingtaine de maisons, connu sous le nom de *Cour Marbach*, est dévoré tout entier en quelques heures. Deux cent cinquante personnes perdent là tout leur avoir et se trouvent sans asile.

27 août.

Les désastres ne se comptaient plus. Vers le matin du 27, le Palais-de-Justice avait pris feu, et bientôt le magnifique bâtiment fut complétement embrasé. On n'en sauva absolument rien. Les salles d'audience, les appartements du président et du procureur, le greffe furent anéantis. Pas une pièce des archives, pas un dossier n'échappa au sinistre. La maison contiguë au tribunal, dans laquelle se trouvait le pensionnat Fuchs, une institution pour jeunes filles, fut dévorée aussi par les flammes.

Pendant toute la journée le feu continuait son œuvre de destruction, saisissant à chaque instant une proie nouvelle, ravageant librement des rues, des quartiers entiers. Une belle maison du Broglie, située à côté de la maison Scheidecker déjà ruinée, s'embrasa dans la journée et fut ruinée aussi. Le Broglie tout entier et surtout la Mairie, le Finckwiller, les Ponts-Couverts, les faubourgs furent bombardés sans relâche.

Dans la nuit, un incendie éclata dans la rue du Coq et détruisit plusieurs bâtiments; le faubourg National, le marais Kageneck continuaient à brûler, et une maison après l'autre de ce quartier populeux fut dévorée par les flammes. La rue du Bouclier, la place Saint-Thomas, la rue des Serruriers, la Grand'rue, la place d'Austerlitz, l'église Saint-Nicolas furent atteintes par de nombreux obus.

Pendant cette triste journée on afficha sur les murs la proclamation suivante :

6e DIVISION MILITAIRE.

« Habitants de Strasbourg,

« Depuis trois jours la ville est bombardée à outrance.

« Votre héroïsme, à cette heure, est la patience. C'est pour la France que vous souffrez. La France entière vous dédommagera de vos pertes.

« Nous en prenons l'engagement, au nom du gouvernement que nous représentons !

« Fait au quartier-général, le 26 août 1870, à une heure après midi.

« Le maire de Strasbourg,

« HUMANN.

« Le préfet du Bas-Rhin,

« Baron PRON.

« Le général de division, commandant supérieur,

« UHRICH. »

Oh ! oui, on la possédait cette patience qui était de l'héroïsme, et elle n'avait pas besoin d'être ranimée par cette promesse de dédommagement. On luttait avec courage, avec abnégation ; mais il fallait une force de cœur et d'esprit bien vive pour ne pas se sentir défaillir au milieu de tant de douleurs et de catastrophes.

28 août.

L'histoire de toutes ces journées est toujours la même ; on la résumerait dans trois mots : ruines, deuils, terreurs. Le bombardement continuait sans trêve, et le chiffre des victimes croissait à tout instant. La Préfecture, les Ponts-Couverts, le Quartier-Blanc, le Finckwiller furent assaillis de projectiles, et de nombreux habitants furent blessés ou tués.

A huit heures et demie du soir, on entendit une vive fusillade du côté de la porte de Saverne et du côté de la porte de l'Hôpital. Les postes des ouvrages avancés et des remparts échangèrent des coups de feu avec de forts détachements ennemis qui s'étaient hasardés vers la place. On entendait les balles siffler dans les airs, et de nombreuses balles prussiennes, lancées par des fusils de rempart, tombèrent jusqu'au milieu de la ville, où elles cassèrent des tuiles sur les toits. Les canons de la porte d'Austerlitz et de la porte de l'Hôpital avaient un instant mêlé leurs voix terribles au crépitement de la fusillade, mais le silence se rétablit assez promptement, et la nuit en général fut relativement calme.

29 août.

L'autorité civile avait reconnu enfin qu'elle avait besoin du concours des citoyens dans cette crise terrible, qu'elle serait plus forte si elle s'appuyait sur eux, et si avec eux elle partageait la responsabilité des décisions que chaque instant réclamait.

Le Conseil municipal, qui n'avait plus été réuni depuis le 8 août, fut convoqué d'urgence à trois heures de l'après-midi.

Le Conseil fit la déclaration que le nombre de ses membres était trop réduit pour suffire aux nécessités de la situation, et qu'il y avait lieu de procéder à la nomination d'une Commission municipale plus nombreuse, et qui fût chargée de la gestion des intérêts de la ville de Strasbourg.

Le préfet, ayant été saisi de cette proposition, y adhéra et prit l'arrêté suivant :

PRÉFECTURE DU BAS-RHIN.

ARRÊTÉ.

« Nous Préfet du Bas-Rhin,

« Vu l'état de siége,

« Vu notre arrêté du 16 août, par lequel les pouvoirs

du corps municipal de la ville de Strasbourg ont été prorogés;

« Considérant qu'un certain nombre de conseillers municipaux sont absents ou empêchés; que dès lors il importe, eu égard à la gravité des circonstances, de réorganiser la représentation de la cité,

« Arrêtons :

« Art. 1er. Le Conseil municipal est dissous.

« Art. 2. Il est institué pendant la durée du siége une Commission municipale composée de 47 membres, en vue de gérer et de défendre les intérêts de la ville.

« Art. 3. Sont nommés membres de la Commission :

MM.

Bœrsch, Charles, docteur en médecine, ancien conseiller municipal.

Burger, Jean, brasseur (Ville-de-Paris).

Cailliot, Amédée, professeur à la Faculté de médecine, ancien conseiller municipal.

Cailliot, René, propriétaire, id.

Clog, propriétaire, id.

Destrais, professeur à la Faculté de droit, id.

Flach, notaire, id.

Gérard, président honoraire du tribunal civil, id.

Gœrner, entrepreneur.

Grün, Charles, négociant.

Hatt, brasseur, ancien conseiller municipal.

Hatt, Guillaume, propriétaire, ancien commandant de la garde nationale.

Henry fils, Louis, pâtissier.

Hirtz, professeur à la Faculté de médecine, ancien conseiller municipal.

Hœrter, marchand de bois, id.

Huck, marchand de bois, id.

HUMANN, Théodore, propriétaire, ancien conseiller municipal.

IMLIN, propriétaire, id.

KABLÉ, directeur d'assurance.

KAMPMANN, fabricant, ancien conseiller municipal.

KLEIN, pharmacien.

KLOSE, Edmond, banquier.

KOLB, constructeur-mécanicien.

KRATZ, ancien notaire, ancien conseiller municipal.

KÜSS, professeur à la Faculté de médecine.

LAUTH, Ernest, banquier.

LAUTH, Jean-Jacques, ancien brasseur, ancien conseiller municipal.

LAUER fils, entrepreneur.

LEMAISTRE-CHABERT, propriétaire, ancien conseiller municipal.

LEURET, ancien médecin principal des armées.

LICHTENFELDER fils, serrurier.

LIPP, brasseur.

MALLARMÉ, avocat, ancien conseiller municipal.

MOMY, notaire, id.

OBERLIN, professeur à l'École de pharmacie, id.

PETITI, entrepreneur, id.

RUHLMANN, syndic des jardiniers-cultivateurs.

SAGLIO, Alphonse, propriétaire.

SCHMITT, boulanger, quai des Bateliers.

SCHOTT, S., brasseur à la Chaîne.

SCHÜTZENBERGER, Charles, brasseur.

SENGENWALD, Jules, négociant, ancien conseiller municipal.

SILBERMANN, imprimeur, id.

STÆHLING, négociant, id.

STOLTZ, S., professeur à la Faculté de médecine, id.

STROMEYER, négociant, id.

WENGER, entrepreneur, id.

« Art. 4. M. le maire et MM. les adjoints sont maintenus dans leurs fonctions.

« Art. 5. M. le maire est chargé de l'exécution du présent arrêté.

« Fait à Strasbourg, le 29 août 1870.

« Le préfet du Bas-Rhin, A. Pron.

« Vu et approuvé par nous :

« Le général de division, commandant supérieur,

« Uhrich. »

En tout autre temps, l'adhésion préfectorale n'eût jamais été donnée à cette liste de citoyens, parmi lesquels se trouvaient un certain nombre d'hommes aux idées larges et libérales, des adversaires déclarés du gouvernement du Deux décembre, qui en mainte occasion avaient ouvertement manifesté leurs sympathies pour le régime que la France enviait aux pays libres et leur haine pour le régime qui la gouvernait alors. Mais le préfet fut cette fois de bonne composition, et il signa avec empressement l'arrêté qui chargeait la Commission municipale de veiller aux intérêts de la cité.

Les besoins, du reste, étaient pressants, et le personnel restreint de l'administration gouvernementale n'eût jamais suffi à veiller à tous les services dont l'organisation était réclamée par les misères sans cesse croissantes.

Il y avait des centaines de familles sans asile, sans ressources, et la charité privée ne pouvait suffire à soulager tous ces nécessiteux. Il fallut songer d'abord à les loger, et deux premiers avis de l'autorité militaire invitèrent ces malheureux à se construire des abris.

Voici ces avis :

6e DIVISION MILITAIRE.

« Préoccupé de la position qui est faite à la population de Strasbourg par le feu de l'ennemi, le général de division, commandant supérieur, fait connaître :

« 1° Que des postes de secours pour les blessés sont établis :

« A l'hôpital militaire,

« Au Palais impérial, place de la Cathédrale,

« Au Lycée,

« Au Grand-Séminaire,

« Au Petit-Séminaire,

« Au Séminaire protestant, quai Saint-Thomas,

« Sur le Broglie, à l'ancienne Fonderie.

« Après avoir reçu sur ces points les premiers secours, les blessés seront transportés dans les établissements où ils doivent être soignés.

« 2° Que des abris destinés aux incendiés vont être construits le long des remparts, de la porte Nationale à la porte de Saverne, de la porte de Saverne à la porte de Pierres, et près la porte des Pêcheurs pour le quartier Saint-Nicolas.

« Les habitants sont engagés à prendre part à ces travaux, qui sont entièrement exécutés dans leur intérêt.

« Strasbourg, le 27 août 1870.

« Le général de division, commandant supérieur,

« Uhrich. »

PLACE DE STRASBOURG.

« La population privée de logement par suite des incendies est invitée à se construire des abris sur le chemin de halage du canal des Faux-Remparts, en appuyant des bois contre le mur du quai.

« Le colonel commandant la place,

« DUCASSE. »

Les pauvres gens ramassèrent alors quelques pierres, un peu de paille et quelques planches, et construisirent au bord de l'eau de petits réduits où ils s'abritaient avec leurs familles. Mais bientôt il fallut chercher de nouveaux asiles, car tous les jours l'incendie étendait ses ravages et chassait des centaines d'habitants de leurs demeures.

La Mairie créa des asiles dans différents édifices publics, dont l'énumération est contenue dans un avis affiché à cette occasion et dont voici la teneur :

MAIRIE DE LA VILLE DE STRASBOURG.

Avis.

« Le Maire de la ville de Strasbourg a fait informer hier soir à son de cloche ses concitoyens que les familles sans asile seront recueillies au Théâtre, dans les écoles communales, au Château impérial, à la Halle-Couverte, à l'ancienne et à la nouvelle Douane, à l'hospice des Orphelins.

« Les familles ruinées par le bombardement recevront, à partir du mardi 31 août, des secours en pain au bureau de bienfaisance, rue Saint-Marc.

« Une Commission est formée pour établir des fours économiques, afin de distribuer des soupes aux indigents.

« Un nouvel avis indiquera le jour où cette Commission commencera à fonctionner.

« Strasbourg, le 29 août 1870.

« Le Maire, HUMANN. »

Le bombardement du centre de la ville devint moins violent à partir du 29 ou du 30 août. Toutes les rues étaient encore atteintes, mais ce n'était plus cette grêle de projectiles des premières nuits. Les quartiers voisins des remparts et les faubourgs, par contre, furent horriblement abîmés.

Plusieurs soldats de la garnison avaient été tués déjà dans les sorties; mais lorsque commença le bombardement régulier des remparts, il y eut tous les jours des victimes en grand nombre; l'ennemi lançait ses projectiles de telle façon qu'ils passaient par-dessus la ville tout entière et tombaient ensuite sur les remparts, en frappant par derrière les soldats qui les garnissaient. Il n'y avait pas sur toute la ligne des fortifications une seule batterie couverte, et chaque obus faisait des victimes. A partir de ce moment jusqu'à la fin du siége, on vit passer dix, quinze, vingt fois par jour des brancards sur lesquels se tordaient des blessés, ou bien les cacolets sinistres qui transportaient les morts. Les braves défenseurs de Strasbourg allaient avec résignation et courage occuper leurs postes si dangereux; nul d'eux ne savait s'il en reviendrait, et chaque fois que les détachements quittaient les casernes pour relever les postes des remparts, ceux qui partaient et ceux qui restaient se disaient adieu, se serraient avec effusion les mains; puis, quand on revenait sain et sauf du poste, on s'embrassait comme s'embrassent les amis qui se retrouvent le soir d'une bataille.

Du côté du faubourg National et du marais Kageneck, la lueur rouge de l'incendie éclairait encore le ciel; elle ne devait disparaître qu'avec la dernière maison de ce malheureux quartier. Il y eut aussi cette nuit une escarmouche entre les avant-postes ennemis et les ouvrages avancés de la ville; pendant près d'une heure, on entendit une fusillade assez vive et le sifflement strident des balles.

30 août.

La Commission municipale, instituée le 29 août, se réunit pour la première fois le lendemain à l'Hôtel-de-Ville, et nomma immédiatement dans son sein plusieurs commissions, qu'elle chargea de l'organisation des divers services d'assistance dont des centaines de malheureux avaient besoin. Dans la même séance, le Maire donna lecture d'une lettre par laquelle M. Ch. Grün, un des citoyens désignés pour faire partie de la Commission municipale, refusait ce mandat, déclarant qu'il n'avait jamais compris le mandat de représentant de la commune autrement que résultant d'un vote librement exprimé. M. Grün fut remplacé par M. Zopff, un choix que les événements vinrent justifier, car pendant toute cette difficile période M. Zopff se trouva parmi ceux dont le dévouement et le zèle furent les plus efficaces et les plus utiles.

Dans la nuit du 30 août, les projectiles ennemis firent de nombreuses victimes sur les remparts. L'artillerie était cruellement éprouvée surtout, et un obus frappait souvent, en éclatant, tous les servants d'une pièce.

31 août.

La canonnade contre les remparts devint plus intense encore que la veille, et les bâtiments militaires furent bombardés avec acharnement. Il s'agissait maintenant, pour l'ennemi, de rendre la position insoutenable à la garnison, de la décimer sur les fortifications et de détruire toutes les casernes et tous les édifices qui pourraient lui servir de refuge. Les obus pleuvaient sur les batteries ; les obus à balles surtout produisaient de terribles effets et frappaient à coup sûr. Ces projectiles étaient dirigés avec une étonnante précision ; ils éclataient droit au-dessus des pièces et lançaient alors plusieurs centaines de balles, dont quelques-unes au moins foudroyaient chaque fois leurs hommes.

Dans la population civile, les victimes devenaient également plus nombreuses chaque jour, et environ quatre-vingts habitants avaient déjà péri à la suite du bombardement. Dans les rues, dans les maisons, dans les réduits les plus cachés, les obus, les éclats surtout, faisaient des victimes, et les blessures de tous ces malheureux étaient le plus souvent mortelles. Les uns avaient les deux jambes coupées, les autres les bras ; plusieurs femmes ont eu la tête enlevée ; des enfants ont été broyés. Chaque jour l'on citait des blessures les unes plus affreuses que les autres auxquelles de nouvelles victimes avaient succombé.

Sous le pont du Théâtre, où s'était réfugiée toute une famille, le père, la mère, une fille et un fils, un obus vint frapper ce dernier et le coupa en deux..... Dans une maison de la rue du Finckwiller, un obus entra par la fenêtre d'un second étage, tua une femme et un enfant que celle-ci tenait dans ses bras ; la tête de l'enfant tomba d'un côté, le tronc et les jambes furent lancés par la fenêtre !... On pourrait multiplier le récit de ces horribles malheurs, mais la plume se refuse à tracer tous ces tableaux sanglants.

La Commission municipale, qui, à partir de son organisation, siégea tous les jours, s'adjoignit, dans sa séance du 31 août, quelques nouveaux membres, dont voici les noms :

MM. Weyer fils, architecte.
Eissen fils, négociant.
Schnéegans, Aug., rédacteur du *Courrier du Bas-Rhin.*
Füllhart, ancien boulanger.
André, Oscar, négociant.
Kreitmann, fabricant de papiers peints.
Wolff, avoué.
Lips, négociant.
Belley, marchand-tailleur (n'accepta pas les fonctions).
Bergmann, Charles.

Pendant la durée du siége, la Commission municipale discuta journellement les mesures à prendre pour assister la population malheureuse, pour contribuer à soulager la ville, à sauvegarder l'un ou l'autre de ses intérêts, à garantir autant que possible ses propriétés, ses édifices. Grâce à la Commission municipale, des milliers de personnes sans asile, sans pain, trouvèrent rapidement un abri et des aliments. On organisa des restaurants populaires, où l'on était admis gratuitement, sur la présentation d'un bon, et où l'on trouvait à se nourrir suffisamment. D'autres établissements s'ouvrirent où, moyennant quelques sous, l'ouvrier qui ne voulait pas manger le pain de la charité pouvait se procurer un repas réconfortant. Des souscriptions, des dons vinrent en aide à ces restaurants, qui rendirent à la classe pauvre des services dont la classe aisée profita indirectement. Que serait-il arrivé, en effet, si l'on avait abandonné à eux-mêmes tous ces gens réduits à la misère? Quelques-uns d'entre eux n'eussent-ils peut-être pas tenté un jour de se procurer à tout prix l'aisance relative dont jouissait une partie de la population? N'eût-on pas eu à craindre un de ces mouvements dictés souvent par le malheur et le désespoir, qui eût été, dans la situation où se trouvait Strasbourg, une véritable catastrophe?

Une manifestation avait eu lieu, la veille, sur la place Gutenberg, mais il fut difficile d'en préciser le sens et le but. Quelques centaines de personnes s'étaient réunies, et après avoir vivement discuté entre elles avaient finalement crié : *Vive la République !* L'attroupement se dispersa de lui-même, mais il y avait là le signe d'une certaine agitation dans la population strasbourgeoise. L'isolement dans lequel on vivait, les malheurs qui chaque jour venaient frapper la ville et ses habitants, les réflexions auxquelles chacun se livrait sur l'origine première de tous les maux qu'on endurait, tout cela produisait dans les esprits une fermentation bien naturelle. Mais le patriotisme, la patience, le calme de l'Alsacien avaient heureusement le dessus sur tous les sentiments qu'une situation intolérable pouvait faire naître.

Le général Uhrich crut nécessaire de prévenir le retour d'une manifestation quelconque, et fit afficher l'arrêté suivant :

6e DIVISION MILITAIRE.

ARRÊTÉ.

« Nous général de division, commandant supérieur,

« Vu l'état de siége,

« Sur le rapport qui nous a été fait qu'une réunion de 300 personnes aurait été tenue hier matin, place Gutenberg, et que des motions illégales y auraient été formulées,

« Arrêtons :

« Art. 1er. Tous attroupements ou réunions publiques quelconques sont interdits.

« Art. 2. Les contrevenants seront déférés au Conseil de guerre.

« Fait au quartier-général, le 31 août 1870.

« UHRICH. »

Par raison et prudence, plus que par crainte du Conseil de guerre, on s'abstint dans la suite de tout mouvement du genre de celui qui avait motivé l'arrêté du général.

Les vivres n'ont point manqué à la ville pendant la durée tout entière du siége, et on avait de quoi faire face à plusieurs mois de blocus; mais certaines denrées commençaient à coûter des prix élevés, et bientôt même elles furent à peu près épuisées. Les magasins des charcutiers, par exemple, restèrent, à peu d'exceptions près, fermés dès les premières semaines. Quand le moment était venu de faire des provisions, la population les avait littéralement pris d'assaut et complétement vidés en quelques jours. Le lait était devenu d'une rareté excessive; les quelques vaches laitières qui se trouvaient en ville n'étaient pas toutes grassement nourries et ne fournissaient que des quantités de lait restreintes; elles furent, en grande partie aussi, tuées pour être débitées dans les boucheries. La population féminine de Strasbourg, habituée de tradition immémoriale à prendre le café au lait au moins une fois par jour, a beaucoup souffert du manque de cet aliment.

La population masculine a eu à endurer une privation

plus dure encore : celle de la bière. Renoncer tout à coup à cette boisson tant aimée a été pour les Strasbourgeois une épreuve cruelle, et j'ai entendu de mes oreilles un buveur de bière dire avec le plus profond sérieux : « Est-ce qu'on ne pourrait pas demander au général de faire des sorties à Kœnigshoffen et à Schiltigheim pour amener en ville les provisions de bière qui se trouvent là dans les caves ? » Quelques brasseurs fabriquaient de temps en temps un peu de bière dans leurs établissements de la ville, et il fallait voir comme la foule alors se disputait le bien-aimé liquide qui, tout mauvais qu'il fût, paraissait excellent dans ces moments cruels. En voudra-t-on aux Strasbourgeois d'avoir pensé à la bière dans des temps aussi durs ? On oubliait un peu les soucis au milieu de la cohue bruyante, et puis qu'on demande donc au Normand de renoncer tout à coup au cidre, à l'Anglais d'abandonner le whisky, au Belge de délaisser le faro, au Bavarois de se priver du bock-bier de Munich...

Le bombardement ne discontinuait pas. Les remparts étaient assaillis de projectiles et les fortifications du côté nord étaient surtout le but principal des batteries ennemies. Du côté sud, l'attaque était à peu près impossible ; l'eau, on l'a lu plus haut, s'étendait devant la place à une vaste distance, et des batteries établies de ce côté par les troupes assiégeantes avaient dû être abandonnées parce que les pièces s'enfonçaient dans la boue et ne pouvaient servir. La partie sud de la ville a été, grâce à cette circonstance, passablement ménagée.

1er septembre.

Pendant que le feu dévorait les rues de Strasbourg, pendant que les habitants fuyaient leurs demeures devant les flammes et les projectiles, de misérables voleurs s'introduisaient dans les maisons embrasées et abandonnées et s'y livraient au pillage. Brisant les armoires, fouillant les moindres recoins, visitant surtout les caves dont ils creusaient le sol pour y chercher les objets précieux qu'ils supposaient y trouver enfouis, ne se sauvant qu'au moment où les murs allaient s'effondrer sur eux, ces coquins infâmes se livraient à leurs opérations sans crainte d'être détournés; la police avait disparu; la garnison ne pouvait être que difficilement distraite de la défense des remparts pour surveiller l'intérieur de la ville, et il était dangereux même de faire circuler des patrouilles dans les rues, sans cesse battues par les projectiles. Le général prit, à l'effet de réprimer ces vols, un arrêté dont voici le texte :

6e DIVISION MILITAIRE.

ARRÊTÉ.

« Nous général de division, commandant supérieur,

« Vu l'état de siége,

« Considérant que des malfaiteurs profitent des incendies allumés par l'ennemi et de l'infortune des habitants pour voler et piller les propriétés particulières,

« Arrêtons :

« Tout individu surpris en flagrant délit de vol ou de pillage sera immédiatement jugé selon les lois militaires.

« Fait au quartier-général de Strasbourg, le 1er septembre 1870.

« UHRICH. »

Malgré tout le danger, des patrouilles de gendarmes, de soldats d'infanterie et de gardes nationaux firent des rondes le jour et la nuit, et le retour des vols devint moins fréquent. Mais que d'habitants qui avaient caché dans un endroit qu'ils croyaient sûr les objets les plus précieux de leur avoir, n'ont plus trouvé que la place vide, alors que ces débris de leur bien, si soigneusement enfouis, constituaient encore leur seule fortune !

Une nouvelle triste — on en recevait peu qui ne le fussent pas — se répandit le matin du 1er septembre. Le colonel Fiévet, du régiment des pontonniers, qui avait été blessé dans une sortie et dont on avait espéré la guérison, venait de succomber aux suites de sa blessure. Le colonel Fiévet habitait Strasbourg depuis de longues années déjà et s'y était créé de nombreuses et sincères amitiés. De sympathiques regrets suivirent le brave officier dans la tombe.

2 septembre.

Le bruit avait couru la veille qu'une grande partie de la garnison devait faire une sortie contre les assiégeants. Vers quatre heures du matin, en effet, on entendit le bruit d'une fusillade très-nourrie et les canons des remparts tonnaient en même temps avec une vigueur extraordinaire. Des détachements de troupes étaient sortis par plusieurs portes de la ville pour essayer d'enclouer les pièces des batteries ennemies les plus proches et pour détruire les travaux exécutés près des fortifications. L'artillerie de la place protégea leurs mouvements, mais ils n'arrivèrent pas jusqu'aux batteries. L'ennemi pourtant subit des pertes considérables, et ce jour fut pour les assiégeants le plus funeste de toute la durée du siége. Cinq prisonniers aussi furent amenés en ville ; parmi eux se trouvait un lieutenant du 30e régiment d'infanterie prussienne, nommé Bruno Versen, qui avait été blessé, et que ses soldats ne purent emporter dans la crainte d'être pris également.

Les inventeurs de faux bruits profitèrent de la capture de ces quelques soldats pour répandre immédiatement des nouvelles que ces prisonniers devaient avoir apportées. Failly et Douai étaient vainqueurs à Toul ; Mac-Mahon avait réuni 400,000 hommes ; l'armée allemande était en pleine retraite. On allait jusqu'à se communiquer le texte d'une dépêche confirmant ces nouvelles et expédiée à Strasbourg, disait-on, par un médecin français dont on ne pouvait encore dire le nom. L'Alsace sera complétement évacuée dans huit jours, disait encore la dépêche si confidentiellement répandue. Et voilà les contes avec lesquels on abusait les gens ; c'étaient là les histoires que fabriquaient, on ne sait dans quel but, des individus assez vils pour se jouer d'une population souffrant toutes les douleurs. On parlait de triomphes le jour de Sedan !

Singulier fait pourtant, digne d'être remarqué : ce jour-là le bruit courait aussi que Paris avait proclamé la République et que Trochu et Jules Favre étaient au gouvernement. C'était encore un faux bruit alors, mais deux jours plus tard il devenait vrai.

3 septembre.

Une faveur bien inattendue était échue ce jour-là à plusieurs familles de Strasbourg. Elles avaient reçu de la part d'un ami inconnu des saufs-conduits pour pouvoir quitter la ville et se rendre dans un village du Bas-Rhin. Ces saufs-conduits étaient signés du général de Werder, ils avaient été apportés par un parlementaire prussien et la Mairie les fit parvenir à leur adresse. On apprit plus tard que c'était sur la prière de personnes notables, de pasteurs surtout, des villages occupés par l'armée allemande, qu'ils avaient été délivrés par le général des troupes assiégeantes. Un certain nombre de personnes quittèrent la ville par ce moyen ; d'autres refusèrent de s'en aller et restèrent au milieu du danger.

Parmi les habitants de Strasbourg qui se hâtèrent de fuir leur cité, il se trouvait quelques hommes aussi, non des vieillards, mais des hommes dans la force de l'âge, qui quittaient le poste où l'honneur aurait dû les retenir. Il en était parmi ces fuyards dont les fonctions semblaient les attacher indissolublement au sol de la ville ; mais ils surent briser ce lien du devoir, et, pâles et tremblants, ils coururent se mettre en lieu sûr. Ils diront sans doute qu'ils avaient à accompagner des parents âgés, des amis malades, qu'ils seraient morts eux-mêmes sous le coup de l'impression que leur produisait le bombardement. Soit, c'est là une affaire entre eux et leur conscience. Les vrais citoyens ont confié la garde de leurs vieux parents à la Providence, leurs amis malades aux médecins, et maîtrisant leurs émotions et leurs craintes, ils ont dit : « Nous restons ! »

Le bombardement continuait sans relâche. Les batteries ennemies avaient ordre de ne pas arrêter un seul instant le feu, et les faubourgs, le faubourg de Pierres surtout, étaient devenus presque inhabitables. Toutes les nuits les incendies éclairaient le ciel, et toutes les nuits aussi on entendait au milieu de la canonnade des coups de fusil s'échanger près des fortifications.

Un autre bruit encore se mêla, le soir du 3 septembre,

à la voix retentissante de l'artillerie. Un formidable orage éclata et pendant toute une heure le tonnerre gronda avec fureur. Les éclairs se mêlaient à la lueur des pièces qui étaient déchargées, et ce tapage épouvantable au ciel et sur terre, cette réunion des deux forces les plus terribles du monde, la poudre et l'électricité, produisaient un effet indescriptible, en quelque sorte surnaturel.

Un petit souvenir ici à la Bibliothèque de Strasbourg. En déblayant ce jour-là les décombres formés par ses murs écroulés on en avait retiré un morceau du fourreau ayant renfermé le sabre de Kléber, qui faisait partie des collections historiques de la République. Ce fut là, avec quelques petites médailles, tout ce qu'on retrouva de ces trésors.

4 septembre.

Le bombardement — il y a presque superfluité à le répéter à chaque page — se poursuit sans trêve aucune; les quartiers du Broglie, de la rue des Juifs, sont criblés de projectiles dans la matinée du 4; vers le soir, deux obus atteignent la couronne de la Cathédrale et lancent, en éclatant, des débris de pierres à d'incroyables distances.

La Citadelle est toujours bombardée à outrance, et les victimes y sont nombreuses. Une bombe tomba, ce jour-là, dans la cuisine de la prison militaire, y tua deux hommes et brisa une marmite remplie d'eau bouillante, qui, en se répandant, brûla gravement un troisième soldat.

Il était impossible de traverser l'Esplanade qui conduit à la Citadelle, sans risquer vingt fois d'être tué par les projectiles qui éclataient de tous côtés. Les soldats qui changeaient de poste, qui allaient en corvées, qui travaillaient dans la cour de l'Arsenal, étaient atteints à chaque instant, et la garde mobile, qui composait en grande partie la garnison de la Citadelle, a vu ses rangs cruellement éclaircis pendant les dernières semaines du siége.

Le 4, un sous-officier d'artillerie de la garde mobile, Jules Kolb, fut frappé à mort, sur l'Esplanade, par un éclat d'obus. C'était un brave et courageux jeune homme, qui avait, en 1869, sauvé son père et sa mère, menacés de périr dans un incendie. Le pauvre Kolb était un enfant de Strasbourg et sa mort causa de vifs regrets parmi ceux qui l'avaient connu. Des officiers, des sous-officiers, des membres de la Société de gymnastique *la Fraternelle*, dont il avait été le président, l'accompagnèrent à sa dernière demeure.

Un autre défenseur de la ville, vaillant et courageux aussi, le lieutenant de pontonniers Nicolas, fut descendu le même jour dans la tombe. Il avait été frappé au moment où, au milieu d'une terrible canonnade, il pointait pour la troisième fois une des pièces de l'ouvrage dont il commandait la défense.

Strasbourg, quelle que soit sa destinée, devra élever un monument à la mémoire de tous ceux qui sont tombés pour elle dans cette lutte mémorable. Le souvenir de cette défense héroïque vaudra à la vieille cité une gloire qui brillera encore quand les noms de ceux qui l'ont aidée à la conquérir seront oubliés peut-être. Il faut perpétuer ces noms, les graver dans la pierre et le marbre, afin qu'ils ne risquent pas de s'effacer pour jamais, s'ils venaient un jour à sortir des cœurs.

5 septembre.

Journée bien triste que celle du 5 septembre. Presque pas une heure sans catastrophe. Le matin, deux habitants sont frappés à mort dans une des dernières maisons du marais Kageneck que le feu avait encore épargnées; des enfants tués, des femmes blessées. Deux élèves de l'École de médecine militaire sont atteints par les éclats d'une même bombe et tombent tous deux. Ils étaient occupés, les braves jeunes gens, à panser un blessé dans le corps-de-garde du faubourg de Pierres; le projectile pénètre dans le petit bâtiment, il éclate, blesse tous les hommes du poste, tue le blessé et frappe les deux élèves en médecine. L'un d'eux se nommait Lacour, il était le fils d'un des grands industriels de Sainte-Marie-aux-Mines; il a eu une cuisse emportée, et pendant qu'on le transportait à l'hôpital, il succomba à l'hémorrhagie. Son camarade, Combier, était fils d'un commandant d'artillerie en retraite qui habite Mont-de-Marsan. Il subit le sort de son malheureux ami, et à cinq heures du soir, il expira à son tour. Il avait vingt ans! On avait eu quelque espoir de le sauver, et il apprit encore qu'il était nommé sous-aide major et proposé pour la croix d'honneur. A cette nouvelle, le pauvre blessé eut une joie immense; il maîtrisa sa douleur et sourit. Il pensait peut-être à son père, à ce vieux soldat qui bien loin, là-bas, à l'autre bout de la France, pensait à son enfant qu'il savait au milieu du danger. La croix à ce fils de vingt ans! le vieux militaire deviendrait fou de joie... Il est peut-être fou de douleur aujourd'hui.

Vers le soir, autre malheur. Un obus tombe sur une

maison de la place Gutenberg, on s'empresse de monter au grenier pour éteindre l'incendie qui semble naître; au même instant, un autre obus arrive; il éclate et fait cinq victimes. Parmi elles, un père de famille, un honorable négociant, qui meurt dans la nuit, laissant quatre orphelins.

Un peu plus loin, près des Arcades, un enfant, une petite fille, court gaîment sur le trottoir. Un projectile l'atteint et la coupe en deux....

Un obus était tombé, sans éclater, dans la cour du quartier des Juifs, où les pontonniers étaient casernés. Quelques soldats s'en emparent et essaient de le décharger. L'un d'eux se place devant le dangereux projectile et commence l'opération, les autres se penchent vers lui et le regardent. Tout à coup l'obus éclate. Deux militaires sont mortellement frappés, six autres sont grièvement blessés, mutilés ou défigurés pour la vie.

Et ce ne sont pas encore tous les malheurs de cette fatale journée, où les blessés se comptèrent par dizaines. L'amphithéâtre de l'Hôpital civil contenait vingt cadavres le soir du 5 septembre.

Ah ! le général Uhrich avait raison quand il disait aux Strasbourgeois : Votre héroïsme, c'est la patience ! On patientait toujours et l'on se consolait en disant : Il est impossible que cela dure encore bien longtemps ! la guerre doit être à sa fin ; nous serons peut-être délivrés demain. Et le lendemain arrivait et l'on attendait encore. L'on attendit ainsi pendant six semaines. Les Parisiens n'avaient-ils pas dit souvent que les Alsaciens étaient des entêtés ?

Ne plus être sûr, ni le jour ni la nuit, ni dans sa maison ni dans la rue, que dans un instant on vivrait encore; ne pas quitter les siens ou ses amis sans se dire : les reverrai-je ? Avoir à tout instant la triste perspective d'être mutilé, estropié, ruiné; ne voir autour de soi que misères, deuil, désespoir; être isolé du monde par un cercle impénétrable de fer et de feu; ne pas pressentir une issue quelconque; supporter tout cela avec courage, et se dire chaque jour : Nous résisterons jusqu'au bout! c'était, en effet, un prodigieux et rare entêtement, et les défauts de ces pauvres Alsaciens leur ont fait accomplir cette fois un acte bien honorable et bien noble.

On s'entretenait depuis le matin de toutes sortes de bruits qui circulaient en ville au sujet de faits militaires et d'événements politiques qui devaient s'être accomplis dans les derniers jours. Il était certain qu'un homme arrivant du dehors, de Colmar ou de Schlestadt, était entré à Strasbourg, dans la soirée de la veille, en traversant l'eau près des Ponts-Couverts. Cet homme avait été expédié par les autorités à la recherche de nouvelles, et à son retour il se rendit à la Préfecture. Quelques citoyens l'interrogèrent sur les nouvelles qu'il devait rapporter; on parlait encore une fois d'une révolution qui avait éclaté à Paris, et on était pressé de connaître la vraie situation du dehors. Le messager déclara ne rien savoir, donna des réponses obscures, vagues; causa de journaux supprimés à Colmar, puis autorisés à reparaître, et finalement il n'avait rien dit après avoir beaucoup parlé.

L'administration doit évidemment être informée, se disait la population, et elle s'irritait fort de la façon dont on la traitait, en lui tenant secrète toute espèce de nouvelle. Le lendemain il y eut à ce sujet un débat assez vif dans la Commission municipale, dont les membres mirent le Maire en demeure de demander au Préfet qu'il s'expliquât et révélât ce qu'il devait incontestablement savoir :

Voici l'incident, d'après le procès-verbal même de la séance :

« *M. Schnéegans* demande à poser une question.

« Je sais, dit-il, que quelqu'un est arrivé hier de Colmar, porteur de plusieurs lettres adressées à des particuliers ; il n'est pas admissible que l'Administration n'ait point reçu des dépêches ; la Commission s'occupe sans doute de questions importantes, mais il en est une qui prime toutes les autres : Quelle est la situation de notre armée ? quelle est la situation politique ? Des bruits de diverse nature circulent à cet égard. Il est matériellement impossible que le Préfet n'ait pas de dépêches. Nous demandons à M. le Maire d'agir auprès de ce magistrat, afin d'obtenir communication des nouvelles qu'il a reçues. Nous avons le sentiment de la responsabilité qui pèse sur nous ; mais pour que nous soyons en mesure de la porter tout entière, il faut absolument que l'on nous renseigne.

« Je vous ai donné communication, dit *M. le Maire*, de la lettre par laquelle M. le Préfet nous promet de nous faire part de toutes les nouvelles, favorables ou non, qui lui parviendraient ; or je sors de chez lui pour lui en demander, et il m'a déclaré n'avoir jusqu'à ce moment rien à nous communiquer.

« Verriez-vous un inconvénient, demande *M. Imlin*, à ce que la Commission se transportât en corps auprès de M. le Préfet ?

« Je n'en vois pas, répond *M. le Maire* ; mais à quel résultat aboutirait cette démarche en présence des déclarations explicites que M. le Préfet nous a adressées et de ce qu'il vient de me dire?

« *M. Bœrsch* est convaincu que la demande qui vient d'être faite à M. le Maire n'est qu'un écho fidèle de l'opinion publique. La situation de Strasbourg est des plus pénibles; voilà trois semaines que la ville subit l'épreuve douloureuse d'un bombardement cruel; la population est courageuse et résignée; mais il faut que l'Administration supérieure se décide à sortir du mutisme absolu dans lequel elle s'est renfermée jusqu'à ce jour. Aussi, *M. Bœrsch* voudrait-il que la Commission donnât, par un vote formel, à M. le Maire la mission de se rendre, comme organe de la Commission et de la population, chez M. le Préfet, afin d'obtenir de ce dernier la communication des dépêches sur la situation, desquelles il serait donné connaissance à la Commission, à l'ouverture de chaque séance.

« *M. le Maire* répond qu'il a déjà été chargé de cette mission; qu'il s'en est acquitté à plusieurs reprises, mais sans résultat; qu'il ne refuse pas de renouveler ses démarches, mais à condition, cette fois, d'être accompagné de quelques membres de la Commission municipale.

« Après une discussion à laquelle prennent part MM. Schnéegans, Mallarmé et Saglio, la Commission décide qu'une députation sera nommée pour accompagner M. le Maire chez M. le Préfet. Elle désigne à cet effet MM. Bœrsch, Küss, Clog, Lauth et Saglio. »

La députation se rendit donc chez le préfet, qui déclara sur l'honneur ne rien savoir. Voici comment, dans la séance suivante de la Commission municipale, il fut rendu compte de cette démarche :

« *M. le Maire* prie M. Bœrsch, dit le procès-verbal, de vouloir bien se faire l'organe de la députation qui s'est rendue auprès de M. le Préfet pour lui demander, au nom de la Commission, communication des nouvelles de l'intérieur.

« Le résultat de notre entrevue avec M. le Préfet, dit *M. Bœrsch*, peut se résumer en deux mots : M. le Préfet a déclaré sur l'honneur n'avoir rien appris depuis le 29 août, et n'avoir dès lors rien à nous communiquer touchant les événements qui ont pu se passer depuis cette époque.

« M. le Préfet a ajouté, observe *M. le Maire*, que, pour répondre au vœu émis par la Commission municipale, il m'écrirait journellement pour faire savoir s'il a ou non reçu des nouvelles de nature à intéresser la population.

« On a le droit de se demander, dit *M. Schnéegans*, comment le gouvernement peut laisser Strasbourg sans secours et sans nouvelles ; la population de notre ville a déployé et continue à déployer une grande énergie ; mais il faut que le gouvernement la soutienne, et le gouvernement l'a abandonnée dès le commencement. Si Strasbourg venait à tomber aux mains de l'ennemi, ce n'est pas Strasbourg, mais l'Empereur et les membres du gouvernement qui devraient en être rendus responsables.

« *M. Bœrsch* tient à faire savoir à la Commission que le langage de la députation à M. le Préfet a été inspiré par ces mêmes réflexions. Il n'est pas admissible, avons-nous dit, qu'un gouvernement qui connaît la situation critique dans laquelle se trouve par son fait la capitale de l'Alsace, n'ait pas tenté l'impossible pour faire parvenir à la population au moins quelques informations et une parole d'encouragement et de reconfort. »

Le Préfet avait donc juré qu'il ne savait rien et l'on fut bien forcé d'attendre qu'il sût quelque chose.

6 septembre.

Le faubourg de Pierres et les rues qui l'avoisinent avaient été bombardés pendant toute la nuit, et le matin la caserne de la Finckmatt, située dans la rue de la Soupe-à-l'Eau, parallèle au faubourg, prit feu. C'était une vaste et belle caserne, construite de 1746 à 1756, grâce à des subventions versées à l'État par la ville de Strasbourg, qui contribuait alors par des dons à la construction des édifices militaires et avait versé dans les caisses de l'État 760,000 livres pour la construction de cette caserne. Le bâtiment fut d'abord vivement disputé aux flammes, mais il fallut renoncer bientôt à en sauver la moindre partie. L'incendie s'étendait avec une rapidité extraordinaire, et la grêle d'obus qui tombait dans le brasier faisait trop de victimes parmi les travailleurs pour que ceux-ci pussent tenir à leur poste.

C'est dans la cour de cette caserne que le futur héros du 2 décembre a été arrêté par un tambour-major de la garnison de Strasbourg, quand, le matin du 30 octobre 1836, il fit tenter le premier vol à l'aigle impérial.

La rue de la Soupe-à-l'Eau, également en flammes, fut horriblement ravagée.

Le faubourg de Pierres, qui depuis quelques années s'était complétement transformé et garni de belles maisons neuves, avait pris feu aussi du côté de la rue de la Soupe-à-l'Eau, et plusieurs propriétés furent dévorées par l'incendie. A partir de ce jour jusqu'à la fin du siége, les flammes ne devaient plus s'éteindre dans ce malheureux faubourg. Une maison s'embrasa après l'autre, et il ne resta plus de toute cette belle rue que quelques constructions endommagées par les bombes et les obus.

7 septembre.

Le quartier du Broglie, la Mairie furent criblés de projectiles pendant toute la journée. La Commission municipale avait dû renoncer à se réunir à l'Hôtel-de-Ville, où à plusieurs reprises elle avait été en grand danger, et elle alla se réfugier à l'Hôtel-du-Commerce.

Les casernes d'Austerlitz et Saint-Nicolas étaient depuis quelques jours assaillies par le feu de plusieurs batteries. Deux obus tombèrent, le 7 septembre, dans l'infirmerie de la caserne Saint-Nicolas et y firent des morts et des blessés.

Les *shrapnel* ou obus à balles pleuvaient en abondance sur la ville et les remparts, et la longue série des victimes ne devait pas s'arrêter encore. Un vieillard de 72 ans, M. Pélissier, frère du maréchal Pélissier, fut frappé mortellement dans sa chambre située au deuxième étage de l'hôtel Neuwiller, rue du Vieux-Marché-aux-Vins. Des ouvriers qui travaillaient aux ouvrages de défense, — on y travaillait encore! — des enfants qui parcouraient les amas de décombres pour y chercher des éclats d'obus qu'ils allaient vendre aux marchands de ferraille, des femmes tombèrent dans cette même journée pour ne plus se relever.

8 septembre.

La nuit avait été fort tourmentée; la Citadelle avait été bombardée avec un redoublement de vigueur; dans toute la ville, les obus et les fusées incendiaires s'étaient succédé sans relâche. Entre le faubourg de Saverne et le faubourg National, le feu dévora quatre maisons, à peu près tout ce qui restait encore debout dans ce quartier; un incendie éclata aussi hors ville, du côté de la Montagne-Verte, où le canon des remparts avait détruit un vaste établissement de tannerie, pour empêcher l'ennemi d'y élever une batterie.

La journée du 8 fut terrible encore pour les vaillants défenseurs de Strasbourg. Des gardes mobiles, des soldats de l'infanterie furent blessés et tués; un marin fut atteint par un éclat qui lui fracassa la cuisse et succomba à sa blessure. Ces soixante soldats de la marine, avec leurs chefs, le contre-amiral Exelmans et le capitaine Dupetit-Thouars, se distinguaient entre les plus braves des militaires de la garnison; pointeurs excellents, hommes de courage et de résolution, ils rendaient d'éminents services sur les remparts, et dans les sorties ils marchaient sans cesse au premier rang.

Le soir, à neuf heures, une bombe tombée sur un bastion y causa de graves malheurs. Le capitaine des pontonniers Epp, un enfant de Strasbourg, fut frappé à mort par un éclat, et tous les sous-officiers et soldats qui l'entouraient tombèrent avec lui. Neuf victimes d'un seul coup! Le capitaine Epp était un officier plein de science et de capacités; il était adoré de ses soldats, et sa mort causa dans la ville entière une émotion douloureuse.

Sur un des ouvrages de la porte de Pierres, d'autres artilleurs furent frappés; le capitaine des pontonniers Desnos, chargé d'une partie de la défense de ces ouvrages, vit tomber autour de lui presque tous ses hommes; le brave officier n'avait pas une égratignure, et il traînait lui-même les blessés dans la casemate où étaient abritées les munitions. Une bombe arriva un jour, mèche allumée, prête à éclater dans une seconde. Un des artilleurs du capitaine Desnos vit le danger, se précipita sur le projectile, le saisit de ses mains et le lança dans le fossé rempli d'eau en criant: « Tu ne nous tueras pas, toi ! »

Ils ont bravement fait leur devoir, les artilleurs et les pontonniers qui défendaient les remparts de Strasbourg. Tous, ils étaient résolus à mourir, car ils voyaient chaque jour leurs rangs s'éclaircir; chaque jour de nouveaux camarades manquaient à l'appel; les officiers comme les soldats tombaient fauchés par les obus; mais ils s'en allaient à leur poste avec le courage, avec la fermeté de l'homme qui a fait le sacrifice de sa vie, et qui se dit que s'il meurt il ne perdra rien, et que s'il ne meurt pas ce sera tout bénéfice. Dans la caserne des pontonniers, ceux qui partaient pour les remparts répartissaient entre ceux qui restaient au quartier les petits objets qu'ils possédaient, disant à l'un : « Si je ne reviens pas, tu prendras mon couteau; » à l'autre : « Tu prendras ma pipe; » au troisième : « Tu prendras ma bourse, je te lègue ma fortune, la solde de toute une semaine! » Et moitié riant, moitié pensifs, ils faisaient ainsi leur petit testament; puis l'officier commandait : « En marche! » et l'on allait aux canons.

Le lendemain, quand ils revenaient du poste, l'un d'eux portait souvent trois, quatre mousquetons et sabres, capotes et gibernes. On savait bien ce que cela voulait dire: trois, quatre d'entre eux étaient tués. Et ce fut ainsi tout le temps que dura le siége, de telle sorte que vers la fin ils restèrent en si petit nombre, qu'on leur adjoignit des soldats de la cavalerie et de l'infanterie pour servir les pièces.

9 septembre.

Le bombardement des casernes continuait sans interruption, et dans la matinée du 9, le quartier Saint-Nicolas prit feu. On crut un instant que le vaste bâtiment tout entier deviendrait la proie des flammes; mais on travailla avec tant d'énergie que l'incendie fut circonscrit dans un des pavillons de la caserne. Un malheureux militaire, maréchal-des-logis des ouvriers d'artillerie, périt dans le sinistre, et l'on retrouva son cadavre sous les décombres.

La Mairie fut bombardée pendant toute la matinée; les projectiles tombaient sur les toits, effondraient la façade, éclataient dans la cour et devaient faire inévitablement des victimes au milieu du personnel des employés de toute espèce qui allaient et venaient sans cesse dans cette cour. A onze heures, un obus y tua un surveillant de la salubrité publique, blessa mortellement un autre employé municipal et atteignit, mais moins grièvement, l'architecte de la ville. Dans la même matinée, deux jeunes Strasbourgeois périssaient, l'un, le franc-tireur Frey, des suites d'une blessure reçue aux avant-postes; l'autre, le brigadier de la garde mobile Fischer, frappé d'un éclat d'obus au moment où il se rendait au fort du *Pâté*. Les deux jeunes gens appartenaient à d'honorables familles, à la douleur desquelles de nombreux amis prirent part.

Au moment où M. Frey mourait, deux de ses camarades, nommés Biot et Flach, blessés à mort dans une sortie, étaient conduits à leur dernière demeure. Toute la compagnie des francs-tireurs, des soldats de la marine, des gardes mobiles, des élèves de l'École de santé militaire, des gardes nationaux formèrent cortége aux dépouilles des deux citoyens tombés au champ d'honneur.

Les francs-tireurs ont une place marquée dans l'histoire de ce siége. Ils allaient à l'ennemi avec courage et bravoure et, sous le commandement de leur chef, M. Liès-Bodard, ils formaient un petit groupe de vrais soldats, dont il fallait sans cesse modérer l'ardeur. Leur chef, M. Liès-Bodard, n'avait jamais été militaire; il était tout simplement professeur de chimie à la Faculté des sciences de Strasbourg. Comme il était forcément en vacances, le professeur se dit un jour que son inactivité lui devenait une fatigue, et il eut cette idée qu'un bon moyen de passer son temps ce serait, par exemple, de se consacrer corps et âme à la défense de Strasbourg. Et le voilà, se coiffant d'un képi et s'armant d'un sabre et commandant les francs-tireurs. Et il était d'un caractère si affable, d'une nature si franche et si ouverte, que sa compagnie l'adorait et se serait fait hacher pour lui.

A côté des francs-tireurs, un autre groupe de volontaires s'était formé. C'était la compagnie franche. Commandée par un tout jeune chef, M. Geisen, qui avait servi dans l'armée française et avait fait campagne, cette compagnie rivalisa de dévouement et d'ardeur avec celle des francs-tireurs et rendit les mêmes services que ces derniers.

10 septembre.

La canonnade avait été formidable pendant la nuit; l'artillerie des assiégeants et celle des assiégés mêlaient leurs voix tonnantes sans s'arrêter un seul instant. Du côté sud de la ville, les canons des remparts, tirant vigoureusement pendant plusieurs heures, avaient réussi à empêcher l'ennemi de construire une batterie sur la route de la porte de l'Hôpital, seul endroit où l'on aurait pu placer des pièces, le reste de la contrée étant toujours inondé.

Le matin eurent lieu les obsèques du capitaine Epp, un de ces braves militaires que l'Alsace prodiguait alors à la France, et qui avait succombé l'avant-dernière nuit dans un ouvrage avancé.

Un grand nombre d'officiers de la garnison, des pontonniers surtout, s'étaient réunis pour rendre les derniers devoirs à leur camarade. Le corps était porté par les pontonniers. Le fils du défunt, un jeune enfant, marchait en tête du cortége, à côté du pasteur; le capitaine Epp était âgé de 40 ans seulement. Le pasteur prononça quelques touchantes paroles d'adieu dans la cour de l'Hôpital militaire, où le corps du capitaine avait été déposé, et les regrets sympathiques de toute l'assistance firent écho à ces derniers hommages.

Immédiatement après cette cérémonie funèbre eut lieu l'inhumation de trois soldats de la marine qui avaient également succombé dans la journée de l'avant-veille.

Le premier, Auguste Viallon, charpentier du service des constructions navales, était tombé — on l'a lu un peu plus haut — frappé par un éclat d'obus dans la rue

Sainte-Élisabeth; les deux autres, apprentis marins, deux enfants de l'Alsace, de la garde mobile, incorporés comme apprentis au détachement de marins qui se trouvait à Strasbourg, avaient trouvé la mort devant l'ennemi.

Un grand cortége composé de plus de trois cents personnes, les officiers de marine en tête, suivait ces trois cercueils. Un vénérable ecclésiastique prononça à la chapelle de l'Hôpital militaire une éloquente et patriotique allocution qui émut profondément l'auditoire.

Puis les trois braves marins furent portés au champ du repos et descendus, l'un à côté de l'autre, dans la fosse où reposaient déjà tant de courageux défenseurs de la cité.

La journée du 10 septembre devait être fertile en incidents; elle fut l'une des plus mémorables de cette longue période d'angoisses. Dès le matin, un mouvement extraordinaire s'était produit en ville, et les visages un peu abattus par les malheurs des jours précédents semblaient reprendre un air plus rassuré. Le commandant des francs-tireurs venait de lire à sa compagnie une dépêche annonçant que le général Dumont marchait sur Strasbourg avec un corps de 25,000 hommes, qu'il serait sous les murs de la ville dans vingt-quatre, dans quarante-huit heures au plus, et que l'Alsace serait sauvée dans huit jours. Les Français ont vaincu, disait la dépêche; Colmar a illuminé.

La garde nationale reçut communication des mêmes nouvelles, et dans les casernes elles circulaient de bouche en bouche, transmises, disait-on, par l'état-major. Des officiers de la garnison en avaient des copies, qui furent affichées dans les cafés, et l'on était certain cette fois qu'on n'était plus le jouet d'une illusion, que l'heure de la délivrance avait enfin sonné. D'un autre côté, un habitant de la ville avait pu se procurer un supplément de la *Gazette de Carlsruhe,* donnant la nouvelle de la proclamation de la République à Paris et la composition du nouveau gouvernement. On pensa perdre la raison en apprenant tant de bonheurs à la fois.

Ces nouvelles firent le tour de la ville, et la Commission municipale, dans sa séance du jour, interpella le Maire pour lui demander quelques éclaircissements. Et le Maire fut obligé de répondre qu'il ne savait rien, que l'administration n'avait absolument rien appris, et que l'histoire de la dépêche annonçant le général Dumont et apportée à la Préfecture sur un papier à cigarettes enroulé dans un cigare était une pure invention. Dans la même séance de ce jour, la Commission municipale acquit la certitude que tous ces bruits de victoire, d'arrivée de corps de délivrance n'étaient que l'œuvre de quelque policier, et elle vota un blâme contre celui qui s'en était fait le propagateur. Quant à la nouvelle de la proclamation de la République, on la tint pour certaine, d'autant plus que la police et l'administration la déclarèrent mal fondée ou non confirmée.

Une énorme et épaisse colonne de fumée qui s'éleva, vers onze heures, au-dessus de la ville, annonça qu'un vaste sinistre venait d'éclater encore, et le bruit se répandit aussitôt que le théâtre était en feu. Strasbourg était si fier de son théâtre, un des plus beaux de la France! Hélas! c'était bien vrai : le théâtre fut incendié ce jour-là. On avait lutté aussi longtemps que possible contre le feu qu'allumaient des projectiles sans nombre; mais les obus triomphant à la fin, les flammes commencèrent à envahir la scène. Là se trouvaient enroulées une foule de toiles formant les fonds des décors, et ces vastes rouleaux surchargés de peinture fournirent au feu un aliment facile. Le plancher de la scène, toute la machinerie en bois s'embrasèrent en un clin d'œil, et les flammes, gagnant les combles, jaillirent bientôt au-dessus de la toiture. Des colonnes de fumée noire s'élevèrent d'abord vers le ciel; puis la flamme rouge, épaisse, immense, happa d'un seul coup le magnifique bâtiment, et le voilà formant une fournaise ardente dans laquelle tout s'engloutit.

De nombreuses familles, plusieurs centaines de personnes ruinées par le bombardement s'étaient réfugiées et avaient depuis quelques jours établi leur domicile dans les caves et les couloirs du théâtre, couchant sur un matelas qu'elles avaient pu sauver de l'incendie qui avait dévoré leur petite fortune, ou sur la literie provenant de la charité publique. Il y avait là beaucoup de femmes et d'enfants, des malades aussi, et tous ces malheureux furent obligés pour la seconde fois de fuir l'incendie et la mort, car le feu gagna rapidement les étages inférieurs et les obus tombaient sans relâche dans le brasier. Des soldats, des pompiers se dévouèrent à leur sauvetage, emportant dans leurs bras les femmes, les enfants, ou les guidant à travers les torrents de fumée, puis, une fois dans la rue, se hâtant de les éloigner, de les porter ou de les conduire au loin, dans un endroit à l'abri des projectiles. On sauva tous ces pauvres gens, mais quelques travailleurs furent blessés, et le concierge du théâtre fut atteint par un éclat qui lui fit une blessure à laquelle il succomba.

Un garde national avait arraché quelques partitions aux flammes, et ce fut tout ce qui échappa au sinistre. La scène, les magasins d'accessoires, les magasins de costumes, la salle magnifiquement restaurée une année auparavant, le café, le cabinet du directeur, tout fut brûlé. L'énorme et splendide lustre tomba avec un cliquetis formidable, se brisant en mille morceaux. Au bout de quelques heures, ce fut fini. Les flammes avaient fait leur œuvre, et la fumée qui se dissipait ne montra plus qu'un amas de ruines entassées entre quatre murs noircis et lézardés.

Il y avait alors un mois que Strasbourg était dans l'angoisse et la douleur; il y avait un mois que ses habitants vivaient isolés du monde, entourés d'un cercle impénétrable; il y avait un mois que dans la malheureuse ville les ruines s'accumulaient sur les ruines, que les sinistres s'ajoutaient aux sinistres, que les deuils succédaient aux deuils; il y avait un mois que le feu et la mort ravageaient la vieille cité, et chacun se disait : Demain mon tour !... On avait eu pendant ces longues semaines quelques lueurs d'espoir, aussitôt éteintes, et l'on n'osait presque plus être assez téméraire pour espérer encore.

Alors vint se détacher sur ces jours si sombres et si funestes une heure de vraie joie, une heure de soulagement et de bonheur. Comme l'aube qui se lève radieuse après une nuit d'orage, comme le rayon lumineux qui vient éclairer les ténèbres, comme un éclat de rire joyeux retentissant au milieu des larmes, arriva une nouvelle qui fit tressaillir tous les cœurs. On apprit que la Suisse accourait à l'aide de Strasbourg, — non avec ses armes pour chasser l'ennemi, ce qu'elle ne pouvait faire étant pays neutre, — mais pour ouvrir ses villes aux femmes, aux enfants, aux vieillards, à ceux qui n'avaient plus ni pain ni asile. La Suisse avait entendu les cris d'alarme et de souffrance de tant de milliers de malheureux; elle s'était émue au récit de tant de catastrophes, et grande et noble elle avait dit : Il faut les secourir ! Et le beau pays d'Helvétie se leva tout entier pour prendre part à cette action généreuse, et puis il envoya ses délégués, qui triomphèrent d'obstacles innombrables et parvinrent au but qu'ils voulaient atteindre.

Dans la séance de la Commission municipale du 10 septembre, le maire donna lecture de la lettre suivante :

« Berne, le 7 septembre 1870.

« Monsieur le Maire,

« Il vient de se former en Suisse une Société qui s'est donné pour mission de procurer à la ville de Strasbourg, si cruellement éprouvée, à laquelle se rattachent pour la Confédération tant de beaux souvenirs historiques, l'aide et le secours que permettent les circonstances ; la Société désire surtout préparer un asile, sur le territoire neutre de la Suisse, aux habitants auxquels la sortie de la ville sera permise, notamment aux femmes, enfants, en général aux personnes hors d'état de se défendre.

« Pour atteindre ce but aussitôt que possible, la Société a résolu de nommer une délégation spéciale composée de MM. le docteur Röhmer, président de la commune à Zurich ; le colonel de Büren, président de la commune à Berne, et le secrétaire d'État docteur Bischoff, à Bâle, en la chargeant de se mettre en relation tant avec Son Exc. M. le général de Werder, qu'avec les autorités compétentes de Strasbourg, et d'entamer les négociations nécessaires pour la réussite et l'accélération de l'œuvre d'humanité dont il s'agit.

« Eu égard au caractère de cette mission, le Conseil fédéral n'hésite pas, Monsieur le Maire, à recommander cette députation à votre bienveillant accueil en vous priant de la mettre autant que possible en rapport avec les personnes de votre ville dont la coopération serait de nature à assurer la réalisation du projet en question.

« En même temps, le Conseil fédéral suisse saisit cette occasion pour vous offrir, Monsieur le Maire, l'assurance de sa considération distinguée.

« Au nom du Conseil fédéral suisse,

« Le président de la Confédération,

« Signé : DUBS.

« Le chancelier de la Confédération,

« Signé : SCHIESS. »

Le Maire put à peine achever la lecture de la lettre, tant son émotion était profonde. Des transports d'enthousiasme et de reconnaissance éclatèrent au milieu de l'assemblée, et immédiatement on prit des mesures pour informer la population de la démarche tentée en sa faveur par le peuple helvétique. Les délégués devaient arriver le lendemain; ils avaient écrit au général Uhrich pour lui demander l'autorisation d'entrer en ville, et le général leur avait répondu ainsi :

SIXIÈME DIVISION MILITAIRE.

10 septembre 1870.

« Messieurs,

« L'œuvre qui vous conduit dans les murs de Strasbourg est si honorable qu'elle vous assurera à jamais la reconnaissance de la population de notre cité comme celle de ses autorités civiles et militaires.

« Pour ce qui me concerne en particulier, je ne puis assez vous témoigner ma reconnaissance pour votre noble et généreuse initiative. Je me fais un devoir de vous dire d'entrée et dès l'abord combien je suis touché de la grandeur de vos nobles intentions.

« Un parlementaire se rendra demain à Eckbolsheim, vers les onze heures, avec ordre de vous accompagner jusqu'à Strasbourg.

« Agréez, Messieurs, l'assurance de ma plus haute estime.

« Le général de division commandant de la 6e division militaire,

« Signé : UHRICH.

« A MM. les délégués de Zurich, Berne et Bâle. »

11 septembre.

On passa une nuit anxieuse et inquiète; le bombardement continuait avec fureur, semant la mort et l'incendie ; le faubourg de Pierres était encore en flammes. Chacun pensait à la députation des Suisses, et l'on se demandait s'il était vraiment possible que les portes s'ouvrissent pour livrer passage à des amis, à des sauveurs; on avait peine à croire à ce bonheur, et le bruit se répandit que ceux qu'on annonçait pour le lendemain n'étaient autres que des émissaires des assiégeants, qui entreraient sous le prétexte d'offrir l'hospitalité de la Suisse et qui rendraient ensuite compte à l'ennemi de la situation de la place.

Quant aux femmes et aux enfants qu'ils promettaient d'emmener, les espions prussiens trouveraient bien un moyen d'éluder la promesse. Voilà où la douleur et l'angoisse avaient conduit les esprits; on ne pouvait plus se faire à l'idée d'un bonheur, et ceux qui s'annonçaient en amis ne pouvaient être que des traîtres !...

Elle était pourtant vraie, cette fois, la bonne nouvelle qu'on avait apprise; la joie ne devait pas se changer en déception cruelle; c'était bien la Suisse qui intervenait.

A onze heures du matin, la Commission municipale se réunit à l'Hôtel-du-Commerce, et, le Maire et les adjoints en tête, se rendit à la porte Nationale, par où les délégués devaient entrer; une immense foule les suit, et dans toutes les rues règne une animation extraordinaire, malgré le bombardement qui durait toujours. Tout à coup le pont-levis s'abaisse, la foule se découvre, des milliers de voix poussent le cri : Vive la Suisse !... C'est la députation qui vient de paraître sous la porte.

Les trois délégués du grand peuple arrivaient en se donnant le bras, paraissant en proie à une émotion bien vive. Que de larmes coulèrent quand on vit ces trois hommes mettre le pied dans la malheureuse ville ! Chacun aurait voulu leur serrer les mains et les bénir, car chacun avait une mère ou une sœur ou un enfant pour qui il avait d'incessantes craintes, et qui maintenant allaient pouvoir trouver un asile protecteur. Tous les hommes se sentaient revivre; savoir en sûreté ceux qu'on aime, ne plus lutter que pour soi-même, cela donne une grande force et un grand courage !

Des liens d'amitié bien franche unissaient déjà Strasbourg à la Suisse, mais ces liens sont scellés aujourd'hui pour jamais. La reconnaissance que la génération actuelle de Strasbourg porte à la Suisse devra se perpétuer dans les siècles ; il faudra imprégner à tous les enfants strasbourgeois le saint culte de la gratitude envers le peuple helvétique ; il faut que l'histoire garde dans ses annales cette œuvre d'humanité et de fraternel dévouement.

Comme ils sont grands les peuples qui s'instruisent à l'école de la liberté !

Quand les délégués suisses furent entrés..., mais ici l'auteur de ce petit livre cède la parole aux généreux citoyens mêmes dont il est question dans ces dernières pages. Les délégués suisses, de retour dans leur pays, rendirent compte de leur mission à leurs compatriotes. La description qu'ils ont faite de leur voyage et de leur arrivée à Strasbourg est écrite avec sentiment, avec loyauté, avec franchise ; chaque ligne y respire l'homme de cœur et d'honnêteté, et on lira certes avec intérêt ce touchant récit :

« De Bâle nous était arrivée la nouvelle de la détresse de Strasbourg, la vieille ville alliée des cantons suisses, soumise aux terribles épreuves d'un bombardement et d'un long siége, en même temps qu'un appel à porter aide et secours à ses misères.

« Qui pouvait le faire de préférence ? N'est-ce pas la plus belle mission des États neutres que de prendre une part des souffrances de ceux qui sont visités par le fléau de la guerre ? C'est, en effet, de ce côté-là que peut venir une assistance libre de toutes préoccupations accessoires et n'ayant pour objet que d'adoucir ces souffrances. Il nous a donc paru que le plus urgent était de chercher à ouvrir une issue hors de leur ville aux Strasbourgeois le plus profondément atteints par les calamités du siége, et de leur offrir l'hospitalité de la Suisse.

« La Conférence d'Olten (7 septembre), rapidement réunie avec la coopération du Conseil fédéral, décida d'envoyer immédiatement sur les lieux une délégation, afin d'obtenir la sortie de la population assiégée, en même temps que, dans notre patrie, on se préparerait à la recevoir.

« Cette délégation a été composée de trois membres, un de chacune des trois villes représentées à la Conférence; savoir : M. Bischoff, de Bâle, de qui était partie l'initiative; M. le Dr Rœmer, président du Conseil de la ville de Zurich, et M. le colonel de Büren, de Berne.

« Pleine de confiance dans la coopération de ses concitoyens, la délégation partit pour Strasbourg. Comment serait-elle accueillie par les assiégeants? Aurait-elle accès dans la ville assiégée? Dans quel état la trouverait-elle? Dans quelle mesure pourrait être efficace le secours apporté?

« Ces questions ne nous causaient pas peu d'inquiétude. Mais il ne pouvait être question d'autre chose pour le moment que d'arriver sur place le plus promptement possible, pour attendre des faits eux-mêmes une réponse positive. Nous devions croire avec une pleine confiance que Dieu nous assisterait et nous ouvrirait la voie.

« Nous étions nantis de lettres de recommandations du Conseil fédéral ainsi que du ministre à Berne de la Confédération du Nord, M. le général de Rœder, et, dès le lendemain du jour où s'était tenue la conférence, les trois membres de la délégation se réunissaient à Bâle, qu'ils quittaient aussitôt pour arriver encore le même jour à Fribourg en Brisgau.

« Sur une communication que je lui avais adressée, M. le lieutenant d'état-major H. de Wattenwyl, qui avait déjà précédemment témoigné le désir de voir le siége, s'était joint à nous, et nous fûmes aussi accompagnés de M. le banquier Stæhling, de Strasbourg, qui avait émigré à Bâle déjà depuis plusieurs semaines. Comme ancien membre du Conseil municipal de sa ville natale, il était mieux placé que personne pour nous orienter exactement sur les choses de Strasbourg, et de bonnes connaissances de M. le Dr Bischoff dans le grand-duché de Bade nous ont été très-utiles pour atteindre le but de notre voyage.

« Pour arriver devant la forteresse, nous quittâmes, le 9, le chemin de fer badois à Dinglingen, où nous attendait une voiture, et, dans cette localité, nous reçûmes deux ordonnances à cheval ponr nous accompagner. Nous passâmes le Rhin sur le pont volant entre Ichenheim et Plotzheim, et nous nous trouvâmes bientôt dans le rayon de l'armée assiégeante.

« De bien loin, nous avions déjà vu se dresser devant nous le clocher de la Cathédrale, et nous entendions maintenant le tonnerre de l'artillerie. Le temps était pluvieux et orageux.

« Vers le soir seulement, nous arrivâmes au quartier-général de la division badoise à Oberschæffolsheim. Nous nous annonçâmes aussitôt au commandant de la division, général de la Roche. Sur sa recommandation et avec l'aide et la bonne volonté du maire, nous trouvâmes, non sans peine, avec de l'argent et de bonnes paroles, une petite place chez un habitant de confession israélite, puis une très-amicale réception chez un notaire demeurant en face, M. Ammann. L'espace n'était pas grand, car le général de brigade de Degenfeld avait déjà son quartier dans la maison du notaire; mais nous y reçûmes du moins un abri et des places pour dormir. A défaut de lits, nous nous tirâmes d'affaire avec les couvertures que nous avions apportées, et l'endroit fut aussitôt désigné comme le quartier-général de la *délégation suisse*, ou le quartier des *commissaires internationaux*.

« Le jour suivant, 10 septembre, notre premier soin fut de nous rendre à Mundolsheim au quartier-général de l'armée assiégeante, et de nous présenter au commandant en chef, M. le général de Werder. Il nous reçut avec beaucoup d'amabilité, nous indiqua les raisons d'ordre militaire qui s'opposaient à nos demandes, mais finit cependant par y accéder facilement.

« Quant aux négociations qui y étaient relatives, il nous renvoya au chef de son état-major général, M. le lieutenant-colonel de Leszcinsky, avec lequel nous eûmes dès lors des entretiens multipliés et qui se montra toujours sympathique à notre entreprise et disposé à nous venir efficacement en aide.

« Aussitôt il se chargea de faire annoncer notre visite à Strasbourg au commandant de la place et de faire parvenir dans la ville la lettre du Conseil fédéral au maire de Strasbourg ; par la voie d'un parlementaire, notre admission dans la place fut demandée pour le lendemain.

« Nous fûmes reçus surtout avec une chaleureuse sympathie par S. A. le grand-duc de Bade, qui avait établi son quartier-général dans le village voisin de Lampertheim, et nous ne fûmes pas peu encouragés par l'excellent accueil que nous trouvâmes auprès de lui. Cependant il s'agissait toujours de savoir comment se résoudrait la question principale, celle de notre admission dans la forteresse. Quelque favorable que fût le but de notre mission pour les intérêts des assiégés, nous ne pouvions nous empêcher d'éprouver certaines craintes en songeant à tout ce qui nous avait été dit du caractère du général Uhrich. Mais combien la réalité se présenta d'une manière différente !

« La réponse du général, apportée par un parlementaire, était conçue dans des termes si reconnaissants et si cordiaux que toute incertitude disparut de notre esprit. Nous étions tombés d'accord avec le commandant de l'armée allemande pour huit heures, mais le commandant de la forteresse nous assignait onze heures. Dans le doute où nous nous trouvions de savoir laquelle des deux indications serait en définitive maintenue, dès huit heures du matin nous nous trouvions auprès du colonel de Kenz, commandant des avant-postes, et là nous attendîmes jusqu'à onze heures, après avoir reçu l'hospitalité d'un fabricant, M. Minder. Du petit belvédère de sa maison, nous embrassions du regard toute la contrée environnante. Le ciel s'était éclairci depuis la veille, mais de Kœnigshoffen il s'élevait une colonne de feu et d'épaisse fumée; un violent incendie y avait été allumé par les projectiles de la forteresse. Sur les remparts, comme sur les ouvrages des assiégeants, roulaient les nuages blanchâtres des batteries avec le bruit du tonnerre.

« A l'heure dite, se présenta l'officier prussien qui devait nous accompagner comme parlementaire; il était avec son trompette. Nous le suivîmes sur la route qui, par Kœnigshoffen, arrive à la porte Nationale (Weissthurmthor), d'abord en voiture, puis à pied lorsque nous fûmes dans le voisinage de la place. Sur ce point, la batterie des assiégeants avait interrompu son feu, et celui de la forteresse se tut également en face de nous. Un parlementaire français sortit à notre rencontre sur le glacis, monté sur un beau cheval arabe. Les deux officiers échangèrent les papiers dont ils étaient porteurs, et nous suivîmes le parlementaire français. On nous fit un chemin par dessus un parapet en terre pour que notre voiture pût passer ; les portes étaient ouvertes. Quelle entrée dans cette ville livrée à toutes les angoisses !

« Un Monsieur vêtu de noir vint à nous, et à la porte même nous attendait tout le Conseil municipal de Strasbourg, en habits noirs, le maire et son adjoint en tête, avec l'écharpe tricolore. Plus loin, de nombreux groupes d'habitants. Nous fûmes accueillis par des cris de : *Vive la Suisse!* etc. Des larmes d'émotion coulaient sur toutes es joues. C'était la première fois depuis le commencement du siége, depuis les jours et les nuits terribles du bombardement, que du dehors des amis pénétraient dans la ville si rigoureusement éprouvée, lui apportant leur sympathie et leur aide. Quel cœur n'eût été profondément touché ! Et que vîmes-nous tout aux alentours ? Une affreuse destruction : le quartier au travers duquel passait la rue était en grande partie brûlé, et le spectacle que j'avais sous les yeux m'a rappelé les ruines de Glaris lorsque je les visitai quelques jours après la catastrophe. A l'adresse qui nous fut lue par le maire au nom du Conseil municipal, M. Bischoff répondit pour nous brièvement que, trop peu éloquents, nous chercherions à faire parler les faits pour nous.

« Nous arrivâmes après cela par le pont sur l'Ill dans l'intérieur de la ville. Là la destruction était beaucoup moindre. Au milieu des quartiers on voyait çà et là quelques maisons brûlées jusqu'au rez-de-chaussée. Beaucoup d'autres pouvaient être endommagées, mais en somme il n'y avait rien d'extraordinaire. Ce qui frappait plutôt, c'est que, se sachant dans une ville populeuse, on ne voyait que des magasins fermés, des fenêtres en partie barricadées, des soupiraux de caves bouchés. Mais une grande foule de peuple étroitement pressée nous attendait au passage. M. le maire voulut l'éviter et nous faire prendre une autre rue, mais cédant aux acclamations qui se faisaient entendre, il continua à suivre la même route que précédemment.

« Le Conseil municipal a établi son siége à l'Hôtel-du-Commerce. La mairie, en effet, avait été fort maltraitée. On s'y sert, comme salle des séances, d'un local voûté dans lequel on nous fit entrer. Nous nous étions attendus à ce que nous fussions avant tout conduits au commandant de la forteresse, mais la préséance fut, en cette affaire, entièrement et sans contestation laissée à l'autorité communale.

« L'officier qui nous avait introduit resta avec nous; nous refusâmes les rafraîchissements qui nous furent offerts; il y avait de plus urgente besogne à faire. M. Bischoff exposa succinctement le programme que nous nous étions donné, les mesures qu'il y aurait à prendre, en particulier en ce qui concernait l'établissement d'un rôle de toutes les personnes qui seraient dans le cas de faire usage de l'autorisation éventuelle de sortie des deux commandants militaires. On nous demanda quel pourrait en être le nombre. Nous ne pûmes donner une réponse précise, n'ayant nous-mêmes aucune indication à cet égard. Avant tout, il fallait constater les cas où la sortie était nécessaire; dans ce but, la mairie devait faire une publication dans laquelle chacun pouvait se faire annoncer, les femmes et les enfants, les vieillards et les malades devant naturellement être pris particulièrement en considération;

on recommandait d'user de discrétion dans l'établissement de cette liste, puisque ce n'était pas à nous qu'il appartenait de prononcer en dernier ressort. Dans tous les cas, cette tâche devait incomber aux autorités communales, puisque, ne connaissant ni les personnes ni les circonstances, nous ne pouvions nous-mêmes y coopérer.

« Après cela vint le tour de la visite aû commandant de la place, le général Uhrich; son quartier-général se trouve dans la ville, dans l'hôtel même qu'il occupe en raison de ses fonctions. Les boulets n'avaient pas épargné cet hôtel, mais il présentait encore une belle apparence. Le général s'était arrangé au rez-de-chaussée un bureau de travail et une chambre à coucher. La réception qu'il nous fit fut tout à fait conforme à la lettre qu'il nous avait envoyée. Il se déclara parfaitement d'accord avec notre programme et fit preuve de la meilleure volonté pour nous aider à le réaliser.

« Le maire nous accompagna, et le préfet fut appelé; nous échangeâmes aussi quelques mots avec lui sur l'attitude excellente et le dévouement des habitants, ainsi que sur leur immuable attachement à leur patrie.

« Le général Uhrich ne nous adressa pas une seule question sur les événements qui se passaient au dehors, et il va sans dire que, de notre côté, nous ne voulions pas sortir des termes de notre mission. En revanche, l'amiral Excelmans, qui était venu à Strasbourg pour y prendre le commandement d'une flottille de chaloupes canonnières sur le Rhin et qui, tout en se trouvant maintenant sur la terre ferme, rend de bons services à la défense de la place, adressa une série de questions successivement à chacun de nous pour obtenir des informations sur l'état des choses.

« Fait singulier! On avait à peine un soupçon dans la forteresse des terribles revers qui avaient frappé l'armée française durant ces derniers temps, ou bien l'on ne pouvait ou ne voulait pas croire aux nouvelles contenues dans les journaux et les dépêches d'Allemagne que, de temps à autre, les assiégeants communiquaient au commandant de Strasbourg. Nous confirmâmes la pleine authenticité de la catastrophe de Sedan, et nous répondîmes de la manière la plus négative à la question qui nous fut posée à l'égard de succès remportés par l'armée française et de l'approche de Strasbourg d'une armée de secours.

« On a souvent fait au commandant le reproche d'avoir laissé les habitants, comme aussi d'ailleurs ses troupes, dans l'ignorance absolue de ce qui se passait au dehors, et de les avoir même entretenus de fausses espérances sur l'arrivée prochaine d'une armée française, les trompant ainsi afin de les exciter à la résistance. Je dois dire qu'à notre égard il ne montra pas la moindre trace de défiance, et nous laissa la plus complète liberté de circuler dans la ville et de converser avec les habitants. Mais nous n'en eûmes que plus scrupuleuse attention à ne pas abuser de cette confiance.

« Une promenade au travers de la ville nous permit de visiter spécialement la Cathédrale. Il est vrai que sur le sol gisent quelques débris. Un boulet qui a atteint la lanterne, l'a quelque peu endommagée, et plusieurs boulets ont traversé des vitraux. La toiture en bois de la nef a été brûlée, mais au-dessous subsistent toujours les voûtes intactes. L'imposant édifice reste debout dans toute sa majesté. Son horloge admirable, n'a point été non plus détruite; seulement on ne la remonte plus. Ce n'est pas sans peine que nous avons obtenu la permission de pénétrer dans l'intérieur; les portes étaient closes; dans une des chapelles latérales officiait un ecclésiastique; sauf lui et nous, l'église était vide.

« Maintenant, du reste, les batteries allemandes ont l'ordre exprès de respecter la Cathédrale; les habitants nous ont fait remarquer que cependant, le matin même, elle avait encore été atteinte par un projectile. A ce que que nous avons appris, il s'agissait d'un shrapnel qui y avait été envoyé comme avertissement, parce que les assiégeants avaient vu quelqu'un monter au clocher, qui est un superbe observatoire pour examiner toute la campagne aux environs et en particulier tous les travaux du siége. Les assiégeants disent avec justice que, s'ils s'imposent l'obligation d'épargner ce monument, il faut qu'à leur tour les assiégés renoncent à en tirer parti pour leur défense.

« La perte la plus irréparable est celle de la Bibliothèque, qui a été complétement brûlée; les pistolets de Kléber et quelques autres curiosités qui ont été sauvées ou retrouvées sont bien peu de chose à côté des trésors perdus irrévocablement pour la science. Mais pourquoi n'a-t-on rien fait pour les mettre à l'abri, par exemple dans les caves, dit-on dans le camp allemand, puisque vingt-quatre heures à l'avance le bombardement avait été annoncé au commandement de la place? Il paraît que celui-ci, d'après ce qui nous a été indiqué, n'avait point donné aux habitants communication de cet avis de l'ennemi.

« L'incendie du Temple-Neuf et d'une partie du Gymnase appartenant aux protestants constitue aussi une lourde perte, et le jour avant notre entrée dans Strasbourg le théâtre avait été détruit. Ce fait est surtout sensible en ce moment parce qu'il servait de refuge à beaucoup de personnes qui avaient été privées de leurs logis par le bombardement. On ne tirait plus sur la ville elle-même, mais seulement sur les remparts et les bâtiments militaires; mais les boulets ne vont pas toujours à leur adresse, et pendant que nous nous trouvions dans la ville, nous en avons entendu siffler et éclater plus d'un.

« Les habitants croyaient que, pendant notre présence, le feu serait interrompu et qu'ils pourraient respirer pendant quelque temps, et ils n'ont guère été satisfaits lorsqu'ils ont vu qu'il n'en était tenu nul compte. Quant à nous, nous ne nous étions point attendus à cette suspension du feu, et nous comprenions parfaitement que le siége ne pouvait être interrompu pour nous. Il nous suffisait pleinement d'avoir pu entrer facilement et sans danger dans la place.

« Sur notre chemin, nous rencontrâmes çà et là des personnes de connaissance. M. Stæhling, notre compagnon, avait fait préparer dans sa maison une collation à notre intention. Ses fils et ses domestiques étaient restés au logis et avaient élu domicile dans les caves; on y faisait même la cuisine. Il avait pu se procurer au dehors un peu de viande, qui coûte en ce moment dans la ville 3 fr. la livre, — la viande de cheval moitié de ce prix. Il ne paraît pas, du reste, qu'il y ait manque de subsistances. Nous reçûmes chez M. Sthæling la visite de plusieurs personnes. Deux aimables jeunes filles nous présentèrent un bouquet colossal; ce sont les nièces du frère du maréchal Pélissier qui, il y a peu de jours, a été tué par un obus dans sa maison située vis-à-vis de celle où nous nous trouvions. Cette famille de L... a quitté peu après Strasbourg avec notre première colonne d'émigrants.

« Vers quatre heures, nous nous trouvâmes de nouveau à la Mairie pour opérer notre retour. Le même parlementaire qui nous avait reçus nous accompagna hors de la forteresse ; on nous avait donné beaucoup de lettres à remettre à leur destination ; au quartier-général allemand, on voulut bien se charger de les faire parvenir.

« Nous revenions pénétrés de profondes impressions et reconnaissants du fond du cœur pour la cordiale réception des habitants, pour le bon accueil du commandant et pour la protection qui nous avait préservés de tout accident.

« Le jour suivant, nous nous rendîmes de nouveau au quartier-général allemand. Il fallait concilier l'exécution des mesures avec le délai nécessaire pour dresser les listes de sortie. Nous n'avions encore aucune notion du nombre de ceux qui pouvaient se présenter pour quitter la ville; mais le général de Werder paraissait disposé à se montrer large. Déjà, sur l'intervention du grand-duc de Bade, un certain nombre de personnes et de familles avaient pu être successivement renvoyées de la place. Maintenant le commandant allemand mit à notre disposition environ trente chars par colonne d'émigrants, pour les recevoir aux portes de la place et les conduire de là jusqu'au pont de bateaux de Rhinau. Là, d'autres voitures devaient les prendre et les amener au chemin de fer badois, qui, à son tour, devait les expédier sur Bâle, gratuitement, par un train spécial. Le général de Werder attachait une certaine importance à ce que les émigrants se rendissent en Suisse; il paraît que quelques-uns, antérieurement, avaient occasionné des plaintes par suite de leur conduite vis-à-vis des Allemands.

« Notre intention était d'organiser à Lahr et à Dinglingen

une étape où les émigrants pussent passer la nuit suivant leur sortie de Strasbourg, pour repartir le lendemain matin, de telle façon que ce jour-là ils pussent arriver en Suisse jusqu'au lieu de leur destination. MM. Bischoff et de Wattenwyl se rendirent par conséquent le 13 au matin à Lahr pour y disposer tout en conséquence. Ils y trouvèrent beaucoup de bonne disposition à leur prêter assistance, mais il ne leur fut pas possible d'y établir un quartier de nuit. Il fallut donc activer autant que possible la traversée de Strasbourg jusqu'au chemin de fer badois, afin que celui-ci pût au moins dans la même journée porter ses passagers jusqu'à Bâle. Les habitants de Lahr se sont prêtés avec beaucoup d'hospitalité à la réception des malheureux Strasbourgeois, et leur ont, entre autres, préparé des rafraîchissements.

« Tous ces préliminaires absorbèrent du temps, et ce ne fut que le jeudi 15 septembre, à dix heures du matin, que put avoir lieu la sortie de la première colonne des émigrants de Strasbourg se rendant en Suisse. »

C'est là que se termine cette simple et fidèle description. Elle dépasse la date du 11 septembre, sous laquelle nous écrivions au moment de l'intercaler dans nos pages, et nous allons reprendre les événements au point où nous les avons laissés.

A cinq heures du soir, les délégués quittèrent la ville, et l'affiche suivante fut placardée sur les murs :

MAIRIE DE LA VILLE DE STRASBOURG.

AVIS.

« Les personnes qui désirent obtenir, pour elles et pour leurs familles, un sauf-conduit pour quitter la ville sous les auspices des délégués de la Confédération suisse, sont invitées à se faire inscrire au bureau qui sera établi à l'Hôtel-du-Commerce (local de la Bourse, rue des Serruriers), à partir de lundi 12 septembre courant, à huit heures du matin.

« Strasbourg, le 11 septembre 1870.

« Le Maire, HUMANN. »

12 septembre.

De grand matin, les habitants se pressèrent devant l'Hôtel-du-Commerce pour se faire inscrire à l'effet d'obtenir des saufs-conduits, et plusieurs milliers de demandes furent faites dans l'espace de quelques heures.

Les délégués suisses avaient apporté à Strasbourg autre chose encore que l'offre de l'hospitalité pour les malheureux; ils avaient apporté la confirmation de certaines nouvelles qui circulaient depuis quelques jours en ville et que l'administration s'obstinait à ne pas confirmer. Ils annoncèrent que la République était effectivement proclamée à Paris; que l'empereur était prisonnier; que 80,000 soldats français avaient capitulé à Sedan, et que l'armée allemande devait être sous les murs de Paris.

Le *Courrier du Bas-Rhin*, qui connaissait toutes ces nouvelles depuis plusieurs jours, mais qui n'avait pas voulu les lancer dans le public faute de confirmation positive, n'hésita plus à les publier dès le moment où des hommes comme les délégués suisses les lui donnaient pour certaines, et il fit paraître un Supplément contenant le résumé des derniers événements. La proclamation de la République mit toute la population en joie; quant à la capitulation de Sedan, on la réputait impossible et inventée. Il fallut que le *Courrier du Bas-Rhin* publiât des extraits de quelques journaux français qu'il était parvenu à se procurer, pour qu'on admît enfin comme vrai ce fait unique dans les annales militaires.

La Commission municipale venait à peine d'entrer en séance lorsqu'on lui annonça l'arrivée du baron Pron, préfet du Bas-Rhin. Mais laissons parler ici le procès-verbal :

« A ce moment de la séance, *M. le Préfet* entre dans la salle, prend place au bureau et communique à la Commission les dépêches importantes qu'il venait, a-t-il dit, de recevoir de M. le sous-préfet de Schlestadt.

« Ces nouvelles consistent dans la déchéance de la dynastie napoléonienne, dans la proclamation de la République et dans la constitution d'un gouvernement de défense nationale.

« M. le Préfet donne ensuite lecture d'une proclamation qu'il adresse aux habitants de Strasbourg pour leur annoncer que, « dès hier soir, sur le bruit apporté par des « étrangers honorables que la République était proclamée « à Paris, il s'était empressé d'écrire aux membres du « gouvernement provisoire qu'il résignait son mandat, et « se bornerait, en attendant l'arrivée de son successeur, « à assurer la tranquillité publique et à garantir devant « l'ennemi la dignité du drapeau national. »

« M. le Préfet a fait encore la communication suivante : Qu'il résulte d'une lettre particulière reçue par lui, que le Corps législatif a déclaré « que Strasbourg, ses soldats « et ses citoyens ont bien mérité de la patrie. »

« Après avoir donné ces communications, M. le Préfet se retire.

« *M. Charles Bœrsch* propose aussitôt à la Commission de faire acte d'adhésion aux grandes résolutions du peuple de Paris. Cette motion est accueillie aux cris de : *Vive la République !*

« Une députation se rend aussitôt auprès du général.

« La séance, suspendue pendant une heure, est reprise à cinq heures et demie.

« La députation est de retour du quartier-général. *M. le Maire* l'invite à rendre compte du résultat de son entrevue avec le général Uhrich.

« *M. Saglio*, au nom de ses collègues, fait connaître la réponse du général, pouvant se résumer ainsi :

« C'est une chose grave de proclamer un gouvernement « nouveau; la gravité augmente lorsqu'un chef militaire « n'a pas reçu de son supérieur hiérarchique de commu- « nication officielle. Je me trouve dans cette position; « personnellement je n'éprouverai aucune répugnance à « la démarche qui m'est demandée. Déjà j'ai servi la Ré- « publique et je l'ai servie avec loyauté; mon désir, en « accomplissant mes devoirs, est de marcher d'accord avec « cette population qui s'est si noblement conduite et avec « ses représentants. Vous comprendrez néanmoins qu'avant « de prendre une résolution importante, j'examine de « nouveau les dépêches arrivées à la Préfecture et que je « prenne l'avis de mon Conseil de défense. Veuillez venir « me retrouver demain à dix heures. »

« *M. Charles Bœrsch* complète cette relation par les mots suivants :

« Ayant demandé au général s'il ne comptait pas dès à « présent annoncer à la ville de Strasbourg la proclamation « de la République, M. le général a répondu qu'il ne lui « serait possible de le faire que quand il en aurait reçu

« l'ordre officiel de son supérieur, le ministre de la guerre; « mais il a ajouté qu'il acceptait comme un fait réel l'évé« nement politique dont la députation venait de lui donner « la nouvelle. »

« *M. le Maire* dit qu'il n'est pas étonné des paroles prononcées par le général; le général Uhrich, ajoute M. le Maire, est un brave et digne citoyen, un bon Français, plein de loyauté et de patriotisme. »

Il n'y avait donc plus de doute possible: la France était délivrée des Bonaparte! Et dans ce pauvre Strasbourg tant malmené, tant souffrant, tant attristé, tant abattu, on oublia un instant l'ennemi et son bombardement, on eut un instant le cœur tout à la joie, et, spectacle unique dans le monde et dans l'histoire, cette ville qui brûlait d'un côté, cette ville qui s'effondrait de l'autre, cette ville dont les rues étaient sillonnées par les convois funèbres et les brancards des blessés, cette ville qui semblait à l'agonie, elle se pavoisa, et pendant quelques heures les drapeaux flottèrent aux façades. Les couleurs de fête brodées tout à coup sur un crêpe funèbre.....

Ah! pourquoi le terrible bruit des obus vint-il alors la rappeler à elle-même? pourquoi cette joie qui jaillissait de tous les cœurs et de tous les visages fut-elle refoulée si vite? C'était un tourment horrible que d'étouffer ainsi le bonheur qui voulait faire explosion, que de quitter tout à coup le sourire pour reprendre le deuil, que d'entendre crier: au feu! au lieu d'entendre retentir la Marseillaise!

13 septembre.

Le lendemain matin, deux proclamations étaient affichées; l'une, émanant du Préfet, était ainsi conçue:

PRÉFECTURE DU BAS-RHIN.

«Strasbourg, 12 sept. 1870, 4 h. du soir.

«Habitants de Strasbourg,

«Pour la première fois, après douze jours d'angoisses, je reçois des nouvelles de Paris, nouvelles que j'ai lieu de croire officielles, malgré la voie détournée par laquelle elles m'arrivent de Schlestadt.

«Ces nouvelles, les voici :

«Paris, 4 sept. 1870, 6 h. du soir.

«*A MM. les Préfets, Sous-Préfets, au Gouverneur général de l'Algérie et à toutes les stations télégraphiques de France.*

RÉPUBLIQUE FRANÇAISE.

MINISTÈRE DE L'INTÉRIEUR.

« La déchéance a été prononcée au Corps législatif, la «République a été proclamée à l'Hôtel-de-Ville. Un gou-«vernement de défense nationale, composé de onze mem-«bres, tous députés de Paris, a été constitué et ratifié par «l'acclamation populaire.

«Les noms sont: Emmanuel Arago, Crémieux, Jules « Favre, Ferry, Gambetta, Garnier-Pagès, Glais-Bizoin, « Pelletan, Picard, Rochefort, Jules Simon.

« Le général Trochu est à la fois maintenu dans ses « pouvoirs de gouverneur de Paris et nommé ministre de « la guerre, en remplacement du général Palikao.

« Veuillez faire afficher immédiatement et, au besoin, « proclamer la présente déclaration pour le gouvernement « de la défense nationale.

« Le ministre de l'intérieur,

« LÉON GAMBETTA.

« Paris, 4 septembre 1870, à six heures du soir.

« Pour copie conforme :

« Le chef de service,

« WECK. »

« Sans attendre cette dépêche et sur le bruit apporté hier dans la ville par des étrangers honorables que la République était proclamée à Paris, je me suis empressé d'écrire à MM. les membres du gouvernement provisoire que je résigne mon mandat et me borne désormais, en attendant, soit la levée du siége, soit l'arrivée de mon successeur, à assurer la tranquillité publique et à garantir devant l'ennemi la dignité du drapeau national.

« Habitants de Strasbourg, je vous devais la vérité; je vous l'apporte dès qu'elle m'est parvenue.

« J'ajoute que d'une lettre particulière il résulte que le Corps législatif a déclaré que *Strasbourg, ses habitants et ses autorités ont bien mérité de la patrie!*

« Dans ces heures de souffrances patriotiques, laissez-moi vous donner le conseil de rester calmes, de respecter les autorités et de soutenir noblement le drapeau de la France.

« En vous quittant, j'emporterai le souvenir de vos nobles et solides qualités, de vos bons sentiments à mon égard. Je n'oublierai jamais ni votre excellente ville ni ce beau département qu'il m'a été doux d'administrer pendant cinq années.

« Strasbourg, le 12 septembre 1870, quatre heures du soir.

A. PRON. »

L'autre proclamation émanait du général. Elle contenait ce qui suit :

6e DIVISION MILITAIRE.

« Habitants de Strasbourg, officiers, sous-officiers et soldats de la garnison !

« La République a été proclamée à Paris. Un gouvernement de défense nationale s'est constitué. En tête de son programme il a mis l'expulsion de l'étranger du sol français. Nous nous rallierons tous à lui, nous, chargés de la défense de Strasbourg, chargés de conserver à la France cette noble et importante cité.

« Unissons donc nos volontés et nos forces pour atteindre ce but et pour concourir ainsi au salut de la patrie.

« Habitants de Strasbourg,

« Par vos souffrances, par votre résignation, par le courage de ceux d'entre vous qui prennent part à la défense de la ville, par votre patriotisme, vous avez secondé l'armée dans les efforts qu'elle a eu à accomplir. Vous resterez dignes de vous-mêmes.

« Et vous soldats !

« Votre passé répond de l'avenir ; je compte sur vous, comptez sur moi.

« Au quartier-général à Strasbourg, 12 septembre 1870.

« Le général de division, commandant supérieur,

« UHRICH. »

On lisait avec avidité ces documents, qui confirmaient officiellement la bonne nouvelle de la veille, et chacun résumait ses idées, ses réflexions et ses pensées dans ce seul mot, poussé comme un soupir de soulagement : Enfin !

Les délégués suisses arrivèrent pour la seconde fois à Strasbourg dans cette journée du 13; voici encore le récit qu'ils ont fait eux-mêmes de ce second voyage :

« Au moment où nous allions quitter le quartier-général allemand pour nous rendre à Strasbourg, nous fûmes arrêtés par un incident; c'était l'arrivée, au quartier-général, du capitaine Archer, Français, prisonnier de guerre, commandant de la place de Lichtenberg dans les Vosges, qu'il avait dû rendre aux Prussiens parce qu'elle était intenable. Il devait être échangé, devant les remparts de Strasbourg, contre un officier allemand blessé et prisonnier des Français, le lieutenant de Versen. Il fut décidé que l'échange aurait lieu, aussitôt que les pièces officielles seraient rédigées, par le parlementaire qui devait nous accompagner nous-mêmes, et, de notre côté, nous offrîmes une place dans notre voiture à l'officier français pour aller à Strasbourg et à l'officier allemand pour en revenir, ce qui fut accepté volontiers.

« Notre excursion ce jour-là fut plus triste que la précédente. Il s'écoula assez longtemps avant que l'on eût fait taire toutes les batteries qui sillonnaient de leurs boulets l'espace que nous avions à parcourir, et je trouvai plus lugubre le résonnement de la trompette du parlementaire au travers des ruines de Kœnigshoffen. Nous avions laissé l'officier français et la voiture en arrière à Eckbolsheim; nous dûmes approcher assez près des fortifications avec l'officier allemand qui nous accompagnait, jusqu'à ce que nous eûmes rencontré une patrouille française, commandée par un officier qui nous arrêta par ces mots : « Que voulez-vous, Messieurs? » Le parlementaire lui remit les papiers dont il était porteur; nous nous présentâmes comme les délégués suisses à Strasbourg, et là-dessus, sans que nous eussions à attendre devant les remparts, comme nous l'avions craint, l'autorisation d'entrer dans la ville, nous y fûmes conduits immédiatement. Il est vrai que, n'étant pas régulièrement annoncés, ce ne fut pas par le pont-levis et la porte principale que nous y entrâmes, mais par un chemin bien plus pittoresque, par dessus les parapets, montant et descendant les escaliers étroits qui font communiquer les ouvrages avec les fossés par de petites passerelles, enfin par des passages souterrains, jusqu'à ce que, plus tôt que nous ne nous y attendions, nous nous trouvâmes tout d'un coup dans l'enceinte, en dedans de la porte Nationale.

« Ce jour-là, d'ailleurs, nous venions tout à fait *incognito*, et nous étions seulement préoccupés de terminer notre affaire. Notre première visite fut pour le général Uhrich, qui nous était venu en aide autant qu'il était en lui, et avait déjà préparé la liste d'émigrants qui devait être soumise à l'approbation du général de Werder. De chez le général Uhrich, nous nous rendîmes à l'Hôtel-du-Commerce, où avait lieu précisément une séance orageuse de la Commission municipale. En effet, la situation avait fort changé depuis dimanche: la République avait été proclamée; M. Humann ayant donné sa démission, un nouveau maire avait été élu; une partie des rues était pavoisée. Avec quelques-uns des membres qui avaient été constitués en comité pour notre affaire, nous prîmes alors les mesures nécessaires pour la formation de la première colonne du jeudi ; car, d'après ce que nous avions appris à Mundolsheim, il ne pouvait être question de mercredi. Ce jour-là nous trouvâmes déjà plus d'animation dans la ville ; le sentiment que les communications étaient en quelque sorte rétablies avec le dehors, et que le terme de leurs misères était proche pour tant de malheureux, avait jeté un nouvel élément de vie dans la population.

« Nous employâmes le reste du temps dont nous pouvions disposer à quelques visites, en particulier dans les caves transformées en habitations; leur aspect et leur arrangement seraient dignes du pinceau d'un peintre. Il est d'ailleurs difficile de s'en faire une idée sans les avoir vues de ses yeux.

« Des tonneaux, des provisions, des caisses fermées renfermant quelques objets précieux, des lits, des meubles, tout y est entassé, tout s'y condense; un peu plus loin, c'est un foyer provisoire pour la cuisson des aliments, et l'escalier de la cave sert à la fois de cheminée et de ventilateur pour les odeurs de cette cuisine souterraine, attendu que tous les soupiraux, pour plus de sûreté, ont été fermés avec des pierres et garnis de fumier en dehors. Et dans ces trous, combien de malheureux habitants de Strasbourg ont déjà passé de longues et terribles semaines! Il n'y aurait rien d'étonnant à ce que beaucoup d'entre eux dussent, au moment d'en sortir, habituer de nouveau leurs regards à la lumière du soleil. Un autre spectacle étrange était celui que présentaient les fenêtres de toutes les façades des maisons exposées au feu de l'ennemi, avec leur véritable armement de matelas, de sacs de paille etc., destiné à arrêter autant que possible les

8

boulets ou à en amortir le choc. Bref, tout portait la trace d'un siége et d'un siége rigoureux.

« L'heure du retour vint enfin, et nous dûmes attendre près de la porte Nationale, — souvent inquiétés par les obus dont plusieurs éclatèrent à une proximité peu rassurante, — le prisonnier allemand qui devait être échangé; au bout d'une demi-heure, il arriva sur une voiture d'ambulance française fort bien disposée, car il était grièvement blessé. Cette fois, la porte principale s'ouvrit de nouveau pour nous; l'appel de la trompette, le drapeau blanc parlementaire et celui de la Convention de Genève annoncèrent aux batteries allemandes notre sortie, et leur feu fut promptement arrêté. Nous fîmes halte au premier avant-poste, pour que l'on fît venir d'Eckbolsheim M. Archer; dans l'intervalle, s'entama la conversation la plus amicale entre les officiers francais et allemands; ils échangeaient des cigares, et, à les entendre se dire « mon camarade, » on oubliait presque complétement que l'on voyait là en face les uns des autres des ennemis acharnés. Enfin arriva l'officier allemand chargé d'opérer l'échange; ce fut un nouveau tableau de genre que la présentation mutuelle des deux officiers prisonniers qui allaient redevenir libres et rejoindre chacun les siens. L'Allemand blessé se saisit avec un véritable sentiment de triomphe de son sabre placé jusque-là à côté de lui sur le lit où il était couché; tous deux se donnèrent cordialement la main avant de se séparer. Comme l'état du lieutenant de Versen ne lui permettait pas d'être transporté dans la voiture qui nous avait amenés, l'officier parlementaire français, le capitaine Farre, offrit à l'officier allemand, avec une courtoisie toute française, de prendre avec lui la voiture d'ambulance jusqu'au plus prochain hôpital allemand, ce qui fut accepté aussitôt avec remercîments.

«Les deux soldats français qui la conduisaient firent place à deux Allemands, et furent conduits, les yeux bandés, avec la voiture, jusqu'à ce qu'ils eussent dépassé les avant-postes allemands.

« A Kœnigshoffen on leur rendit l'usage de leurs yeux, et on leur servit à boire et à manger en attendant que leur char d'ambulance revînt de l'hôpital d'Eckbolsheim; puis ils furent, avec leur char, reconduits, de nouveau les yeux bandés, jusqu'aux avant-postes de la forteresse.

«De semblables petites scènes peuvent paraître insignifiantes à bien des gens. Mais pour ceux qui y ont assisté, elles jettent, dans le sombre tableau de la guerre, quelques rayons de lumière bienfaisante qu'ils ne sauraient aisément oublier ensuite!

«Il nous restait encore à terminer notre travail à Mundolsheim avec M. de Leszcynski, tâche qui nous fut rendue plus agréable par les cigares de réquisition que les Allemands appellent pittoresquement des *requirados*.

Nous tombâmes d'accord que, le jeudi à dix heures, une première colonne de 500 personnes serait reçue à la porte d'Austerlitz avec des chars de réquisition, le choix des autorisations à donner, sur les 4000 demandes de sortie formulées, devant être laissé au chef de l'état-major général de l'armée de siége.

«Par une nuit obscure qu'éclairaient seulement les incendies allumés à Strasbourg et dans les environs par les obus et les bombes, nous partîmes armés des mots d'ordre et de ralliement pour arriver à Oberschæffolsheim au travers des postes de l'armée de siége, toujours sur le qui-vive le plus actif.

« Le jour suivant, mercredi 14, nous nous rendîmes à Lahr pour y rejoindre nos collègues et y préparer la réception des fugitifs à Rhinau et Orschweyer. A notre arrivée à Lahr, tout était déjà prêt, grâce à la manière digne de toute reconnaissance dont les habitants avaient prêté leur concours aux délégués suisses.

« Le jeudi, à dix heures précises, je me réunissais à mes collègues en avant de la porte d'Austerlitz. Le général Uhrich lui-même avait accompagné, avec quelques notabilités militaires, la colonne des émigrants jusque hors de la forteresse. En deçà des barricades de la porte attendaient 60 chars bourrés de paille. Un certain nombre d'officiers contemplaient le spectacle qu'offrait la caravane à son départ. Et en vérité quel coup d'œil lorsque l'on vit s'ébranler lentement une longue file de voitures, d'omnibus d'hôtels et de chemin de fer etc., tous chargés d'autant de personnes qu'il était possible d'en entasser, suivis d'une foule de femmes et d'enfants à pied ; quant aux hommes, on n'en avait point laissé sortir sauf quelques vieillards. Tous ces visages rayonnaient de joie et de gratitude, et le soleil lui-même semblait prendre plaisir à éclairer cette scène de bonheur au milieu de tant de sombres tristesses? Pour laisser passer les voitures sortant de Strasbourg, une partie des barricades établies dans la campagne par les avant-postes badois dut être démolie par ceux-ci, ce qui ne fut pas fait sans une certaine humeur par les officiers allemands, attendu que ce ne devait pas être une tâche agréable de les rétablir plus tard sous le feu de la place. Aussitôt un membre de notre légation adressa au général Uhrich la demande qu'un délai fût donné jusqu'à midi pour rétablir les travaux dont le passage des émigrants exigeait la démolition. « Oh! répondit aussitôt le général de la manière la plus aimable, non pas jusqu'à midi, jusqu'à une heure et plus tard s'il le faut; on leur laissera tout le temps nécessaire. »

« Lorsque tout fut emballé et que chaque char eut été pourvu d'une garde militaire, la colonne se mit en route avec une escorte de cavalerie vers Rhinau. Encore un dernier serrement de main, un dernier adieu aux Strasbourgeois et nous partîmes à notre tour profondément heureux d'avoir pu mener à bonne fin notre mission, et convaincus d'avance de la cordiale réception qui attendait ces étrangers fugitifs dans notre chère patrie suisse.

« Le samedi 17 septembre, après avoir pris la veille congé du général de Werder, ainsi que du chef d'état-major de Leszcynski, et envoyé aux Strasbourgeois une dernière et chaleureuse parole d'adieu, nous quittâmes nos collègues qui devaient prolonger leur séjour à Lahr pour attendre les colonnes suivantes. Cette fois notre route ne nous ramenait pas au lugubre concert des pièces de siége, mais elle nous conduisait en Suisse, et dès le lendemain nous allions entendre les sons paisibles des cloches annonçant le jeûne fédéral, qui, en de pareilles circonstances, avaient, dans nos cœurs pénétrés de reconnaissance, un écho plus solennel que jamais.

« Et en vérité nous avions bien des motifs de reconnaissance. C'est assurément un fait qui n'est pas ordinaire que de trouver, ainsi que cela nous était arrivé, un accueil également bienveillant auprès des deux armées en pleine guerre l'une contre l'autre. Notre attente à cet égard avait été dépassée de beaucoup, bien que le résultat de l'évacuation de Strasbourg n'ait pas été atteint dans les proportions que nous eussions désirées. Néanmoins la possibilité donnée à ceux qui ont pu quitter Strasbourg de sortir d'une manière sûre et commode de ce lieu de lamentations ne se mesure pas par des chiffres. En outre il ne faut pas oublier que depuis nos négociations avec le grand-duc de Bade et le général de Werder, à diverses reprises, une centaine de personnes qui s'étaient enfuies à Neudorf ont été mises en liberté par l'armée allemande. Si d'ailleurs une partie des Strasbourgeois émigrés de leur ville a préféré chercher un asile chez leurs amis et connaissances de l'Alsace et de Bade, au lieu de venir en Suisse, nous devons nous en réjouir dans leur propre intérêt.

«Mais, avant tout, ce que l'on ne saurait apprécier à une trop haute valeur, c'est l'effet moral et le résultat pratique de l'intervention toute chrétienne de la Suisse neutre en faveur de malheureux arrivés à l'extrême de l'affliction. Notre réception à la porte Nationale nous a montré que la Suisse avait été bien comprise par Strasbourg, et nous n'attachons pas une moindre signification morale à la sympathique bienveillance que nous ont témoignée les chefs de l'armée allemande auxquels incombe la dure et lourde tâche d'un semblable siége.

« Une seule pensée pèse encore sur nos cœurs, au milieu de tous nos motifs de reconnaissance pour ce que nous avons pu obtenir, c'est celle de l'effroyable calamité que le dernier acte militaire de ce siége, l'assaut de Strasbourg, va attirer soit sur la malheureuse cité, soit sur les soldats qui l'assiégent. Nos vœux les plus ardents sont pour que cette terrible catastrophe puisse être évitée, et pour que la ville, si cruellement éprouvée aujourd'hui, puisse dans un avenir prochain retrouver des jours heureux et bénis par la paix! »

14 septembre.

La canonnade est formidable pendant la journée tout entière. Les remparts répondent à l'artillerie assiégeante avec une vigueur extraordinaire. On parlait vaguement d'un armistice sur le point d'être conclu : chaque fois que le bruit du canon cessait pendant quelques instants, on croyait que les hostilités étaient en effet interrompues; mais le sifflement des obus, le ronflement ou plutôt le hurlement des éclats reprenaient aussitôt, et l'on voyait bien qu'on n'était pas à la fin de ses peines.

La patience pourtant ne manquait pas encore, mais une lassitude morale et physique envahissait la population. Les hommes veillaient toutes les nuits; ils ne quittaient plus leurs habits, ne se couchaient que quelques heures de jour sur un matelas jeté à terre, et n'avaient pas, malgré l'abondance de certaines denrées, le régime nécessaire pour une vie si fatigante. Toutes les familles avaient dû restreindre leur manière de vivre ordinaire, et les gens aisés seuls se permettaient encore quotidiennement un plat de viande[1].

La Commission municipale procéda, le 14 septembre, à l'élection d'un nouveau maire, l'ancien maire, M. Humann, ayant donné sa démission. Elle choisit pour ces

[1] Le bœuf coûtait alors 3 fr. le demi-kilo; le cheval, vendu d'abord 25 cent., atteignit le prix de 1 fr. 50 c. et 2 fr. le demi-kilo; du beurre, il n'y en avait qu'à de rares intervalles et il coûtait 5 fr. le demi-kilo; le demi-litre de lait valait 50, 75 c., même 1 fr.; un œuf se payait 25 c.; le sac de pommes de terre, 60 fr.; un oignon, 10 c., etc. Le sucre, le riz, le café n'avaient pas augmenté sensiblement. Le pain se vendait au prix ordinaire, ainsi que le vin, qui se trouvait en abondance dans la place.

fonctions, alors plus difficiles et plus pénibles à remplir que jamais, le docteur Küss, professeur à la Faculté de médecine, un des hommes les plus estimés, les plus éclairés de la cité. La population tout entière ratifia ce excellent choix et le sanctionna de sa chaude et unanime approbation.

Les adjoints, MM. Kampmann, Leuret, Zopff, Mallarmé, avaient également donné leur démission, et un vote de la Commission rendit leurs fonctions à MM. Zopff et Leuret, et leur adjoignit MM. Flach et Weyer.

Dans la même séance, la Commission municipale prit une résolution fort énergique à l'égard de ceux qui avaient déserté leur poste au moment du danger et qui avaient couru chercher un refuge loin des bombes et du bruit de la canonnade. M. Schnéegans, rédacteur du *Courrier du Bas-Rhin*, fut le promoteur de cet acte de justice; ce membre de la Commission était, du reste, toujours à la tête de ceux qui proposaient quelque mesure de hardiesse et de virile énergie.

« Vous savez, dit-il à ses collègues de la Commission, qu'un trop grand nombre de nos concitoyens ont quitté Strasbourg quand la situation de la ville est devenue critique. Parmi eux il en est beaucoup qui avaient des fonctions publiques ou une situation personnelle qui leur imposaient le devoir de demeurer au milieu de nous. En quittant leur poste au milieu du danger, alors que nos femmes et nos enfants n'abandonnaient pas leurs foyers, ces citoyens ont mal mérité de Strasbourg; je demande que la Commission le déclare par une délibération formelle dont voici la teneur et qui sera affichée :

« La Commission municipale de Strasbourg,

« Considérant que, dans les circonstances critiques où « se trouve la cité de Strasbourg, le poste de chaque ci- « toyen est à Strasbourg;

« Considérant que, depuis le commencement de la « guerre et plus particulièrement depuis la bataille de « Frœschwiller, un certain nombre de citoyens que leur « position devait faire rester à Strasbourg ont lâchement « abandonné leurs concitoyens pour mettre en sécurité « leur personne;

« Considérant que des exemples doivent être statués,

« Déclare :

« Les individus valides qui, sans raison majeure, ont « quitté Strasbourg depuis l'ouverture de la guerre sont « déclarés indignes de remplir aucune fonction publique. »

Ce ne fut pas sans discussion que la motion de M. Schnéegans fut acceptée. On objecta que des circonstances fortuites, que la force majeure avaient empêché bien des citoyens d'être à leur poste. « Ceux-là ne peuvent être atteints par le blâme, » fut-il répliqué, et la motion fut adoptée, imprimée et affichée.

15 septembre.

Le premier convoi d'habitants partant sous les auspices des délégués suisses était organisé et son départ s'effectua dans la matinée du 15 septembre. Plusieurs centaines de femmes et d'enfants se réunirent sur la place d'Austerlitz, n'ayant pour tout bagage que de petites valises ou de petits sacs. La plupart des émigrants partaient dans leurs propres voitures ou dans des voitures de louage; les autres allèrent à pied jusqu'à une certaine distance de la porte, où ils s'installèrent sur des voitures préparées par les autorités militaires prussiennes. Le départ fut triste, les adieux déchirants. Ceux qui s'en allaient et ceux qui restaient se séparaient dans un moment bien cruel. Les enfants qui quittaient leur père, les femmes qui quittaient leurs époux, ne devaient pas tous les revoir à leur retour.

Vers midi, un obus lancé d'une des batteries ennemies vint frapper la flèche de la Cathédrale, juste au-dessous de la croix qui la surmonte. La croix pencha vers le sol, mais elle ne tomba point, grâce au paratonnerre qui la retenait.

Le quai des Pêcheurs, qui avait été passablement ménagé depuis le commencement du bombardement, était cruellement saccagé depuis plusieurs jours. La caserne des pontonniers, située dans le voisinage et sur laquelle l'ennemi tirait avec acharnement, lui avait valu d'abord une grêle ininterrompue de projectiles. Maintenant les batteries prussiennes visaient sans discontinuer le barrage établi près du pont Royal et retenant les eaux des fortifications. Il y avait là jour et nuit une garde d'une quarantaine d'ouvriers munis de sacs de terre, prêts à réparer les moindres dégâts que les obus causaient à tout instant. Cinquante mille sacs de terre ont été employés pour maintenir ce barrage, dont la destruction aurait pu amener l'écoulement des eaux des fossés et faciliter singulièrement l'approche de la place. Il est vrai que pour plus de garantie on avait établi, sous le feu de l'ennemi, deux autres barrages, l'un au pont du Contades sur l'Aar, l'autre en amont du pont aux Anes; mais ce dernier ne fut terminé que le 27 septembre, jour de la reddition de Strasbourg. Une partie des projectiles dirigés sur ces travaux de défense tombaient sur le quai des Pêcheurs, qui fut littéralement assailli de projectiles ; plusieurs maisons de ce quai furent complétement saccagées et s'écroulèrent.

La Commission municipale, qui la veille avait élu un maire, élut, dans sa séance du 15, un successeur au baron Pron, préfet du département. Le choix de l'assemblée tout entière se porta sur M. Charles Bœrsch, conseiller général, rédacteur en chef du *Courrier du Bas-Rhin*. Malgré lui, M. Charles Bœrsch fut obligé d'accepter des fonctions auxquelles le désignaient, du reste, sa longue pratique des affaires administratives, sa connaissance parfaite des intérêts de la cité, les éminents services qu'il avait rendus à celle-ci. Par acclamation, il fut nommé délégué de la Commission municipale pour la gestion des affaires départementales, et le général Uhrich s'empressa de confirmer cette désignation par un arrêté spécial.

Le bombardement fit rage pendant cette journée, et du matin au soir on vit passer par les rues les brancards transportant les blessés et la petite voiture sinistre qui recueillait les morts. Cinq habitants furent frappés dans la rue de l'Outre par les éclats d'un obus à balles; deux d'entre eux succombèrent à leurs blessures. Sur la place Kléber, deux hommes tombèrent, qui ne devaient plus sortir vivants des ambulances où ils furent transportés. Au faubourg de Saverne, quatre militaires furent tués par les éclats d'une bombe. Puis des femmes, des enfants blessés; partout des victimes.

Dans la nuit l'incendie, il est presque inutile de le dire, dévorait quelques maisons; c'était la triste histoire de tous les jours; mais la canonnade fut plus épouvantable que jamais. Du haut des remparts, les pièces de 24 et de 48 tonnaient avec un fracas terrible; non-seulement les vitres des fenêtres, mais les maisons tout entières tremblaient quand ces grosses pièces étaient déchargées. Ce formidable bruit se prolongeait comme un long roulement de tonnerre. On entendit la canonnade jusqu'à Colmar, dans le Haut-Rhin, jusqu'à Carlsruhe, dans le grand-duché de Bade, c'est-à-dire à quinze lieues de distance !

Pour les hommes valides, ce n'était rien que d'être tenus éveillés par cet infernal tapage; mais les malades, les blessés, les petits enfants, les vieillards, qui ont besoin de sommeil comme on a besoin d'air, on devine de quel effet fut pour eux cette cruelle insomnie.

16 septembre.

Journée triste, pendant laquelle s'entrecroisaient sans cesse les nouvelles affligeantes. M. d'Huart, chef d'escadron au 16e régiment d'artillerie-pontonniers, venait d'être frappé mortellement par un obus ; M. de Beylié, sous-lieutenant de la garde mobile, frappé mortellement aussi par une balle ennemie. M. de Beylié était un tout jeune avocat attaché au parquet du procureur de Strasbourg; il était petit-fils du général Dumoulin, dont la famille réside en partie dans la Bavière sous le nom de *Von der Mühl.* Un capitaine de la garde mobile, Georges Rudolf, était mort la veille des suites d'une blessure.

La Commission municipale voyait chaque jour s'accroître ses charges, et elle chercha à partager sa responsabilité en s'adjoignant quatre nouveaux membres choisis parmi la classe ouvrière. Le conseil des Prud'hommes désigna quatre ouvriers, MM. Gustave Poynet de Puilhéry dè

Saint-Sauveur, Théodore Schweighæuser, Charles Lehr, Weber, agréés avec empressement par la Commission et par le général Uhrich, qui sanctionna leur nomination par un arrêté.

17 septembre.

La nuit, comme la précédente, avait été bien tourmentée; le canon avait encore tonné sans interruption.

Deux incendies éclatèrent dans la Krutenau, toujours très-exposée à cause de son voisinage avec la Citadelle, mais on sut se rendre promptement maître du feu. Au faubourg de Pierres, nouvel incendie. Hors ville, du côté de la porte d'Austerlitz et de la porte de l'Hôpital, les quelques maisons qu'on avait laissées debout venaient d'être entamées aussi par le canon de la place et furent bientôt en flammes.

Le feu avait donc sa proie quotidienne; la mort devait avoir la sienne. Un obus tomba sous le pont du faubourg National, où campaient quelques malheureux sans abri; cinq d'entre eux furent tués ou blessés. Sur la place Saint-Nicolas, un jeune garçon eut la jambe fracassée. Un pompier, père de famille, fut tué sur le coup par un obus qui l'atteignit en pleine poitrine au moment où il se précipitait vers les combles de l'hôtel de la Préfecture pour éteindre un commencement d'incendie

Un deuxième convoi d'émigrants s'était formé pour cette journée, et 568 habitants quittèrent la ville sous les auspices du généreux peuple suisse.

18 septembre.

Les travaux des assiégeants avançaient avec rapidité; des légions de travailleurs avaient achevé les parallèles avec une incroyable célérité; leurs batteries se rapprochaient chaque jour davantage des murs de la place, et la distance qui les en séparait était à la fin si petite, que les soldats français qui occupaient les ouvrages avancés entendaient les officiers allemands donner des ordres dans les tranchées.

Il était impossible à l'artillerie de la place de déloger les assiégeants de leurs ouvrages; la plupart des batteries du rempart qui dominaient le côté du front d'attaque étaient démontées; on les remplaçait rapidement, mais une grêle de projectiles venait aussitôt les mettre hors d'usage et blesser et tuer ceux qui les servaient. Quelques mortiers seuls pouvaient encore tirer. Les deux lunettes qui protégeaient ce front avaient dû être abandonnées; le terre-plein en avait été labouré à ce point que l'on n'y marchait qu'avec peine. Les batteries de brèche fonctionnaient avec activité et les bruits de la possibilité d'un assaut prochain se répandaient en ville, et trouvaient un certain crédit, même parmi les officiers de la garnison.

Les quarante-quatre canons de l'artillerie badoise établis en batteries blindées à Kehl, continuaient à bombarder la Citadelle, sur laquelle ils lançaient chacun un projectile par quart d'heure. Un officier posté dans le clocher de l'église de Kehl communiquait avec ces batteries au moyen d'un télégraphe, et leur indiquait les vices de leur tir qui étaient aussitôt corrigés. C'est ainsi que l'un après l'autre des bâtiments de la Citadelle put être incendié ou démoli. Dans la nuit du 19, une immense lueur se répandit sur tout le quartier voisin de la Citadelle; on croyait à l'autre bout de la ville à l'embrasement de rues entières. C'était le magasin de bois de construction de l'Arsenal qui était en flammes.

Du côté des faubourgs, un autre incendie avait éclaté, ou plutôt l'incendie continuait à faire des ravages, car le feu ne s'éteignait plus dans ces quartiers.

19 septembre.

Le nombre des personnes sans asile augmentait journellement, et tous les édifices disponibles étaient remplis par ces malheureux. Le général Uhrich fut obligé de demander à l'évêque l'autorisation de loger dans la Cathédrale une partie de la population sans abri. Voici la lettre par laquelle l'évêque répondit à la demande du commandant supérieur de la place :

« Monsieur le général,

« Vous me faites l'honneur de me prévenir que M. le lieutenant-général de Werder fera dorénavant respecter notre belle Cathédrale par son artillerie, et vous me demandez en conséquence l'autorisation d'offrir ce monument pour asile à la partie de la population privée d'abri.

« Je ne puis qu'applaudir à vos sentiments d'humanité, Monsieur le général, et je suis tout prêt à les seconder. Toutefois, je dois dire que la Cathédrale, quelque mutilée qu'elle soit, sert journellement au culte, et que le service religieux de la paroisse Saint-Laurent y continue sans interruption. Il sera donc nécessaire de concilier le double intérêt de la religion et du malheur; et, à mon avis, on le pourra facilement. On abandonnera aux indigents la chapelle Saint-Michel, isolée et commode; la chapelle Saint-André, le transept de l'horloge, et, s'il est nécessaire, la chapelle de la Croix, le bas côté du sud et la haute nef, c'est-à-dire presque tout l'édifice. On ne réservera au culte que le bas côté de la chapelle Saint-Laurent et les sacristies, qu'on séparerait par une cloison en planches d'une certaine hauteur, capable de parer à tous les inconvénients.

« Je me permettrai aussi de vous prier, Monsieur le général, de vouloir bien prescrire dans cette église, devenue l'asile du malheur, une surveillance active et constante, afin d'y assurer l'ordre, la moralité et, pendant les offices divins, le silence.

« Veuillez agréer etc.

« † A. André, évêque de Strasbourg. »

Le lait, qui était devenu rare dès le commencement du siége, commençait à manquer à peu près complétement, et les malades et les enfants souffraient beaucoup de la privation de cet aliment.

M. l'adjoint Zopff fit un appel à la population pour que chacun contribuât, dans la limite de ses moyens, à parer à ce nouveau mal. Voici en quels termes il s'adressa à la charité de ses concitoyens :

COMMUNE DE STRASROURG.

« Aux habitants de Strasbourg,

« Une mortalité croissante règne depuis plusieurs jours parmi les enfants en bas âge et les vieillards. Les autorités médicales, auxquelles la municipalité s'est adressée pour en connaître la cause, ont émis l'avis qu'elle peut être attribuée en partie à la privation du lait, qui forme la base de la nourriture habituelle de certains malades.

« Dans les temps difficiles que nous traversons, il est du devoir de chacun de chercher à atténuer autant que possible les malheurs qui nous frappent. Nous espérons donc que nos concitoyens qui, depuis le commencement du blocus ont offert tous les jours des exemples d'héroïsme et d'abnégation patriotiques, uniques peut-être dans l'histoire, s'imposeront un nouveau sacrifice pour prix du salut de cette partie si intéressante de la population.

« Nous faisons appel aux personnes qui possèdent des vaches ou qui reçoivent encore leur ration habituelle de lait, pour les prier de vouloir bien réduire leur part de moitié et d'envoyer le surplus à la pharmacie la plus voisine, où ce lait sera délivré sur ordonnance des médecins.

« Strasbourg, le 19 septembre 1870.

« Pour l'Administration,

« L'adjoint délégué, A. ZOPFF. »

L'appel fut entendu et bien des santés compromises furent rétablies. La mortalité des enfants avait été très-grande en général : les nouveau-nés surtout périrent en grand nombre. De cérémonie funèbre pour ces pauvres petits êtres, on n'en faisait point, et l'on voyait pendant la journée des hommes ou des femmes se diriger tristement vers le cimetière du Jardin botanique, portant une longue boîte jaune qui renfermait le corps de leur enfant.

Les enterrements des adultes se faisaient avec une triste

simplicité aussi. Que de cercueils ont passé par les rues, sans suite, sans ecclésiastique, sans un ami ! Deux personnes quelquefois, un enfant, une femme, et c'était tout le convoi. Les projectiles pleuvaient du côté du cimetière, situé près de la Citadelle, et la peur de leurs atteintes retenait souvent dans leurs demeures ceux qui par devoir auraient dû suivre les morts jusqu'à la tombe. Quelquefois pourtant on accompagnait un parent, un ami qui avait cessé de souffrir, et c'était alors un étrange spectacle que de voir ceux qui composaient ce cortége se diriger d'un pas précipité vers le champ du repos, se débander quand un projectile tombait et se réfugier dans les couloirs des maisons, pour éviter d'être frappé par les éclats. Puis cette inhumation au bruit du canon, ces larmes données à celui qu'on descendait dans la fosse pendant que les obus sifflaient dans les airs, quelle étrange solennité !

La journée, est-il besoin de le dire, ne s'écoula pas sans qu'il y eût des victimes. Deux pompiers furent tués, cinq autres blessés, pendant qu'ils faisaient leur devoir. M. Edme Darcy, capitaine adjudant-major au 5e régiment d'artillerie, tomba frappé à mort par un obus. Et combien d'autres encore qu'on pourrait citer, femmes, enfants, que les obus fauchaient !

20 septembre.

Le gouvernement provisoire de Paris avait nommé préfet du département du Bas-Rhin, M. Valentin, un Strasbourgeois, ancien officier, ancien représentant du Bas-Rhin à l'Assemblée législative. Celui-ci fut assez habile pour passer les lignes ennemies sans être aperçu ; puis il traversa l'Aar à la nage, s'approcha de la place en essuyant les coups de feu des sentinelles, demanda à être conduit devant le général Uhrich, fut introduit, présenté au général, et, tirant un papier de sa manche, lui dit : « Je suis le préfet du Bas-Rhin. » Cela paraît presque une fable et pourtant l'histoire est vraie tout entière.

Le soir même, le préfet Valentin faisait afficher un extrait du *Journal officiel de la République française* contenant le décret de sa nomination, et adressait aux habitants la proclamation suivante :

« Habitants de Strasbourg, vaillants compatriotes !

« Le Corps législatif, dans sa séance du 4 septembre courant, a prononcé la déchéance de la dynastie des Bonaparte, qui, deux fois arrivée au pouvoir par de criminels attentats contre la représentation nationale, a trois fois, en un demi-siècle, attiré sur la France la honte et les désastres de l'invasion.

« La République a été proclamée, une Convention nationale est convoquée pour le 16 octobre prochain et les pouvoirs publics sont confiés dans l'intervalle à un gouvernement de la défense nationale, composé des onze députés élus par la capitale et placé sous la présidence du général Trochu, soldat vigoureux, à l'intégrité et aux capacités duquel tous les partis, sans distinction, rendent depuis longtemps hommage.

« Une des premières sollicitudes du nouveau gouvernement s'est portée vers la patriotique Alsace, vers sa vaillante capitale, et il s'est préoccupé de lui faire directement parvenir, ainsi qu'à son héroïque garnison, les remercîments émus de la France, de la population de Paris et du gouvernement de la République.

« Il a choisi pour cette mission un fils de votre noble cité, auquel, à une époque antérieure, vous aviez, par un vote presque unanime, donné le mandat de vous représenter à l'Assemblée nationale, et qui est resté invariablement fidèle au drapeau sous lequel vous l'aviez élu.

« Il vient au milieu de vous s'associer à vos périls, partager vos privations, et tous ensemble nous lutterons jusqu'à la dernière extrémité pour conserver à la glorieuse patrie française un de ses plus nobles et de ses plus formidables boulevards.

« Confiance donc, bon espoir et *Vive la République !*

« Le Préfet du Bas-Rhin,

« EDMOND VALENTIN. »

Le lendemain, le général Uhrich rendait l'arrêté suivant :

RÉPUBLIQUE FRANÇAISE.

6e DIVISION MILITAIRE. — ÉTAT-MAJOR.

« Vu l'état de siége,

« Nous, général de division, commandant supérieur de la 6e division militaire;

« Vu notre arrêté en date du 15 septembre 1870;

« Vu le décret du gouvernement de la défense nationale, n date du 5 septembre 1870, qui nomme M. Edmond Valentin préfet du département du Bas-Rhin.

« Attendu que M. Edmond Valentin est arrivé à son poste le 20 du courant, et est entré immédiatement en fonctions, déclarons que dès lors il n'y a plus lieu de maintenir les fonctions d'administrateur provisoire du département confiées à M. Bœrsch, conseiller général, fonctions qu'il a remplies avec un dévouement et un zèle dont nous nous faisons un devoir de lui exprimer notre satisfaction et nos remercîments.

« Arrêtons ce qui suit:

« L'arrêté du 15 septembre 1870 est rapporté.

« Fait au quartier-général à Strasbourg, le 21 septembre 1870.

« Le général de division, commandant supérieur de la 6e division militaire,

« UHRICH. »

Le jour même de l'arrivée du nouveau préfet, l'hôtel de la Préfecture, bombardé sans relâche depuis plusieurs jours, prenait feu et était détruit par les flammes. Encore quelques millions dévorés ! De tous côtés, le ciel semblait en feu vers le soir ; de tous côtés affluaient vers les ambulances et les hôpitaux les blessés et les morts, et le fonctionnaire républicain a pu juger bien vite si les sentiments qu'il exprimait à la ville de Strasbourg au nom de la France étaient légitimes et si la résistance, au milieu de ces désastres, était en effet de l'héroïsme.

La population civile compta dans cette journée du 20 septembre douze victimes, toutes frappées à mort. Un des braves jeunes gens de la garde mobile, le sergent Alphonse Müller, tomba, atteint d'une balle qui le tua sur le coup, au moment où il relevait un poste en face du front d'attaque. C'était le fils de l'ancien jardinier en chef du Jardin botanique, et, par une triste coïncidence, il était né dans ce même enclos où maintenant il devait trouver le dernier repos. Quelle écrasante douleur pour ce père de voir une fosse engloutir son enfant à la place même où l'enfant avait essayé ses premiers pas !....

Le général Uhrich avait assisté à l'une des dernières séances de la Commission municipale, séance qui fut tenue en comité secret et dont le procès-verbal, par conséquent, ne fut pas publié. Voulant reconnaître ce que le général faisait pour l'honneur de la cité, la Commission lui décerna le titre de citoyen de Strasbourg.

Deux jours après, le général Uhrich écrivait au maire une lettre dont voici la teneur :

« Strasbourg, le 20 septembre 1870.

« Monsieur le Maire,

« Dans sa séance du 18 de ce mois, à laquelle j'ai eu l'honneur d'assister, la Commission municipale a bien voulu m'accorder par acclamation le titre de citoyen de Strasbourg. Ce titre, qui m'honore, je viens vous en demander le brevet; ce sera un précieux gage qui sera transmis dans ma famille de génération en génération.

« Veuillez offrir tous mes remercîments à Messieurs les membres de la Commission municipale et leur dire qu'ils m'ont fait le plus grand honneur que j'aie reçu dans ma longue carrière.

« Recevez, je vous prie, Monsieur le Maire, l'assurance de ma considération la plus distinguée.

« Le général commandant supérieur,

« Signé : UHRICH. »

21 septembre.

Encore un brave enfant d'Alsace qui meurt au champ d'honneur. Fernand Helmstetter, lieutenant d'artillerie dans la garde mobile, pointait une pièce sur l'ennemi dans la lunette où il était de service; un obus à balles éclate près de lui; un éclat le frappe à la cuisse, une balle l'atteint en pleine figure, il tombe..., une secousse et c'était fini. Peut-être la vingtième victime de la journée!

La nuit fut bruyante. Entre onze heures et minuit surtout la ligne entière des fortifications du côté nord de la ville tonna avec une vigueur extraordinaire, et en même temps on entendit une vive fusillade éclater sur deux ou trois points différents. Les assiégeants s'étaient approchés des murs en assez grande force pour tenter, paraît-il, une surprise. Les postes étaient doublés sur les ouvrages, les artilleurs étaient prêts comme s'ils avaient été prévenus de ces tentatives, et pendant toute une heure on se batailla avec acharnement, jusqu'à ce qu'enfin l'ennemi se fût retiré.

On n'a jamais su à Strasbourg quel était le résultat exact de ces combats nocturnes dont on entendait presque journellement le bruit: l'autorité militaire n'a jamais publié de rapport sur les opérations qui s'exécutaient, et l'on était obligé de s'en tenir aux simples rumeurs ou aux récits souvent un peu chargés des soldats.

22 septembre.

Un des courageux élèves de l'École de santé militaire, Alexandre Bartholomot, paya ce jour-là son tribut à la patrie. Il alla rejoindre dans la tombe ceux de ces camarades qui, comme lui, avaient été frappés à leur poste d'honneur. La Commission municipale, dans une de ses dernières séances, avait déjà, par un vote unanime, décerné aux élèves médecins de l'École de Strasbourg, les éloges que méritaient leur dévouement et leur zèle infatigables.

Dans les hôpitaux, dans les ambulances, aux avant-postes les plus dangereux, ces braves jeunes gens montraient une activité et un courage à toute épreuve; ils sacrifiaient repos et santé pour que leurs chers malades ne vinssent à manquer d'aucun soin et pour que les défenseurs de la place que les projectiles ennemis venaient atteindre, ne fussent pas obligés de souffrir longtemps avant de recevoir les premiers soulagements.

Les membres du corps médical strasbourgeois présents à Strasbourg pendant le siége ont en général bien mérité de la cité. Un grand nombre de leurs collègues, partis pour les champs de bataille de Wissembourg et de Frœschwiller, n'avaient pu revenir. Ceux qui restaient dans la ville se partagèrent les diverses ambulances et les services des hôpitaux, et on leur doit certainement de n'avoir pas eu à déplorer la grande mortalité que l'on redoutait d'abord. Vers la fin, leurs efforts furent vaincus parfois par des maladies épidémiques, par la variole entre autres, qui sévissait surtout parmi les personnes ayant fait un séjour prolongé dans les caves.

Ah ! c'est encore un des côtés les plus douloureux et les plus dramatiques de ce siége désastreux que ces malades gémissants, que ces moribonds agonisants sous la voûte humide d'une cave. Quel triste moment pour les familles qui, tout entières réfugiées dans les caves, voyaient là, près d'elles, un des leurs souffrir et mourir, puis étaient forcées peut-être de rester à côté de ce mort, dans le sombre et lugubre souterrain !

23 septembre.

Les meilleurs, les plus aimés des officiers s'en allaient, l'un après l'autre, grossir le nombre de ceux qui étaient tombés en défendant Strasbourg. Le chef de bataillon à l'état-major du génie, Ambroise Ducrot, frère du général Ducrot, fut frappé à la Citadelle par un obus qui le foudroya, au moment où il donnait des ordres pour l'exécution de quelques travaux confiés à la garde mobile. Le commandant Ducrot avait été l'âme de la défense de la Citadelle.

On emporte le corps du brave officier, et la garde mobile continue à travailler au milieu des projectiles qui sifflent de tous côtés. A la place même où le commandant Ducrot venait de tomber, un jeune officier de la garde mobile, Edmond Matthiss, tombait quelques instants après pour ne plus se relever. Les francs-tireurs aussi furent obligés de serrer leurs rangs, dans lesquels, ce jour-là, la mort avait fait des vides.

Le bombardement ne s'arrêtait pas un instant; les obus sifflaient, éclataient sans relâche. Les rues étaient à peu près vides, les grandes places désertes; ceux qui étaient obligés de sortir se glissaient le long des maisons et se jetaient dix fois dans les couloirs, dans un trajet de cinq minutes, pour éviter d'être écrasés par les projectiles qui tombaient de tous côtés. Les nuits devenaient plus froides; les heures ne sonnaient plus aux horloges des églises depuis bien longtemps et le temps semblait ne plus s'écouler. Plus que jamais on faisait bonne garde devant les maisons et l'active surveillance exercée par les citoyens ne se ralentit pas un instant. Pendant toute la nuit on entendait retentir le cri : *Rien de nouveau?* poussé par tous les veilleurs d'un quartier chaque fois qu'un obus tombait dans le voisinage. Et si le projectile menaçait de causer un incendie, un signal spécial répondait à ce cri, et l'on accourait de toutes parts pour porter secours.

Une certaine rumeur circulait depuis quelques jours dans la population au sujet des séances secrètes de la Commission municipale ; on disait que dans la séance du 18, entre autres, il avait été question, en présence du général Uhrich, de la situation militaire de la place et de la durée encore possible de la résistance. Un avis du Maire, président de la Commission, donna à entendre que ces rumeurs étaient fondées et que la situation n'était pas tout à fait favorable. Le Maire disait, en effet, que certaines délibérations ne pouvaient être publiées, parce que les détails qu'elles renferment pourraient répandre des inquiétudes dans le public et fournir des renseignements à l'ennemi. Voici, du reste, l'avis tout entier :

MAIRIE DE LA VILLE DE STRASBOURG.

AVIS.

« Les séances de la Commission municipale ont un double caractère; elles sont remplies en partie seulement par des discussions et des votes qui peuvent sans inconvénient être livrés à la publicité.

« Les procès-verbaux qui en sont dressés sont inscrits dans les journaux. On comprend toutefois qu'il existe des délibérations qui ne sont pas de nature à recevoir la même publicité.

« Les détails qu'elles renferment pourraient *répandre dans le public des inquiétudes* ou donner lieu à des interprétations erronées, *fournir même à l'ennemi des renseignements sur notre situation*. Cette partie des travaux de la Commission a toujours été considérée comme confidentielle.

« L'administration municipale croit devoir fournir ces explications en réponse aux critiques qui ont été dirigées contre les derniers procès-verbaux, dont la concision a fait supposer que la Commission ne tenait que des séances peu occupées.

« Pendant les derniers jours, la Commission a, au contraire, été pour ainsi dire en permanence.

« Strasbourg, le 23 septembre 1870.

« Le Maire, signé Küss. »

Mais il n'est si grand secret qui ne soit dévoilé quelque peu, et l'on pouvait affirmer avec une certaine assurance, sans avoir assisté aux délibérations de la Commission, que la question de la reddition y avait été débattue et que les déclarations du général avaient été telles qu'on avait pris la résolution de ne plus prolonger longtemps la résistance.

24 septembre.

La nuit fut encore bien triste et bien funeste. La dernière maison qui restait au faubourg de Pierres, du côté du quai Finckmatt, avait pris feu et les flammes l'avaient dévorée. Toute la rangée de constructions, depuis la porte jusqu'au canal, n'était donc plus qu'un amas de ruines. Les obus, qui tombaient par centaines sur ce faubourg, y avaient tué et blessé pendant cette nuit plusieurs habitants.

Au faubourg National, un projectile avait enfoncé une muraille qui, en s'écroulant, écrasa un enfant dans son lit et blessa affreusement un homme, qui expira à l'ambulance où il fut transporté.

Dans la matinée du 24, la garde mobile perdait encore un de ses officiers, Émile Verenet, lieutenant de l'artillerie. Brave et digne jeune homme, enfant unique, adoré, il tomba frappé par un obus. Ses soldats le chérissaient, ils pleurèrent sur sa tombe. Deux de ses amis écrivaient le lendemain au *Courrier du Bas-Rhin* quelques lignes émues où ils disaient adieu à ce camarade aimé. Qu'on lise cette lettre touchante, suprême adieu de deux cœurs déchirés :

« Monsieur le rédacteur,

« La mort a frappé un brave officier de la garde mobile, notre ami, et son corps vient d'être rendu à la terre. Il est tombé à la fleur de l'âge en défendant sa patrie; il est tombé comme un brave soldat. Honneur à lui ! honneur à sa famille !

« Il y a trois ans que nous connaissons Émile Verenet; nous avons vécu autour de lui, auprès de lui; nous avons pénétré dans son intimité : toujours et partout nous avons rencontré l'homme du devoir. Parfaitement élevé, orné de talents et de grâces, il possédait une âme distinguée, esprit et cœur en harmonie complète.

. . . .

« Mais son pays le réclame : le voilà sur les remparts. Son courage, son calme, sa douceur captivent, entraînent ses soldats. Ils l'aiment, ils le désignent comme *le meilleur de tous*. Nous les avons vus hier pleurer sur son cercueil, et ce fut une scène déchirante. L'un d'eux (c'était son ordonnance) s'agenouilla, et l'embrassa avec toute l'énergie d'un dernier adieu : « Bonsoir, mon lieutenant, lui dit-il « naïvement, au revoir ! »

« Voilà l'amour de ses soldats ! Quel ne devait pas être l'amour de ses parents ? C'était le seul enfant, la seule joie, tout le bonheur présent, toute l'espérance de l'avenir de ce père et de cette mère désolés !... Hélas ! pourquoi les plus belles choses ont-elles le pire destin ? !

« Pauvre famille ! Vous reste-t-il une consolation !... Oh oui ! Vous êtes chrétiens, gardez le mot béni de ce soldat : *Au revoir !...*

« Au revoir ! Pour vous, pour nous, c'est la suprême consolation !

« DEUX AMIS. »

Et chaque jour, à chaque heure, un fils, un ami bien-aimé était arraché ainsi du milieu des siens. Combien de mères pleureront quand, après cette lutte fatale entre l'Allemagne et la France, on dira : « Voici quels sont les morts... »

25 septembre.

La nuit fut terrible. Les bombes, qui d'abord n'atteignaient que les remparts et les premières maisons des faubourgs, parvenaient maintenant jusqu'au centre de la ville et causaient d'énormes dégâts. Elles enfonçaient les toits, traversaient tous les étages et faisaient explosion en touchant le sol; il y en eut qui pénétrèrent jusque dans les caves. Ces projectiles pulvérisaient tout ce qu'ils rencontraient sur leur passage, et leurs éclats même avaient assez de force pour renverser des murs, pour démolir des toits entiers. On les entendait arriver avec un ronflement sinistre; on les voyait s'élever lentement dans les airs avec leur traînée de feu; tout à coup ils tombaient comme l'éclair sur les bâtiments qu'ils effondraient et dévastaient en éclatant avec un fracas épouvantable.

La journée du 25 s'écoula comme les autres journées, incidentée d'accidents et de malheurs.

26 septembre.

La nuit avait été un peu calme d'abord, mais elle devint bientôt plus bruyante que toutes les autres.

Vers deux heures du matin, la terreur régna dans la ville. Sur toute la ligne des fortifications, depuis la porte des Pêcheurs jusqu'à la porte Nationale, c'est-à-dire sur une étendue comprenant plus de la moitié de l'enceinte de la place, retentissait le bruit d'une véritable bataille. La fusillade, les canons, la mitraille faisaient rage, et l'on crut que les assiégeants tentaient l'assaut. Avec quelques rares intervalles, l'effrayant bruit continua jusqu'à quatre heures, puis il s'éteignit insensiblement. D'un côté, on avait tiré du haut des fortifications sur les pionniers prussiens qui travaillaient, protégés par de forts gabions, tout près des ouvrages de la place; sur plusieurs autres points, on avait repoussé des détachements considérables qui tentaient quelque surprise ou faisaient de fausses démonstrations pour détourner l'attention des assiégés du front d'attaque. La nuit n'avait pas permis d'évaluer les pertes des assaillants; mais elles devaient être sensibles, à en juger par la violence de l'engagement.

Toujours des victimes dans le corps d'officiers de la garde mobile. M. Royer, capitaine dans l'artillerie, — encore un Strasbourgeois, — fut atteint dans la matinée par des éclats d'obus et succomba quelques heures après à ses blessures.

Vers le soir, les bombes passaient sur la ville entière et allaient tomber sur les quartiers les plus éloignés. L'un de ces projectiles défonça une maison de la rue du Bain-aux-Plantes et y fit quatre victimes. Près du quartier de Saverne, deux bombes arrivèrent à court intervalle et, tombant dans une maison remplie d'habitants, y firent dix-huit victimes. Six morts et douze blessés! Et d'autres malheurs encore, de tous côtés, à toute heure.

27 septembre.

C'était le quarante-sixième jour... Il y avait alors près de huit mille habitants ruinés par le bombardement, vivant la plupart de la charité publique, réfugiés dans les églises, dans les écoles, dans des trous creusés au bas des remparts, dans des huttes en planches adossées contre les quais, sur le chemin de halage. Il y avait cinq cents maisons incendiées, écroulées, dévastées.

Les plus belles rues, les quartiers les plus populeux, les faubourgs, les édifices publics: ruines. Les trésors d'art, les collections scientifiques, des chefs-d'œuvre et des merveilles : poussière. Sur de vastes étendues, des monceaux de décombres, des pierres entassées, des poutres noircies, du fer tordu, des débris, des miettes: pêle-mêle horrible.

Devant la ville, les promenades ravagées, les ponts détruits, les routes effondrées et les traces de l'incendie; la belle nature dégradée, l'herbe et les feuilles jaunies, la fleur écrasée; de la boue, des troncs d'arbres renversés, des entrelacements de branches sèches, des ruines.

Strasbourg, une ville en désolation; sa population, souffrant toutes les tortures, décimée chaque jour; près de trois cents habitants, hommes, femmes, enfants, morts de blessures cruelles, sinon foudroyés du coup; près de deux mille habitants blessés, mutilés peut-être, sur le lit de douleur.

La garnison, résignée, héroïque, chaque jour amoindrie; près de sept cents soldats couchés sous la terre, l'un près de l'autre, tous tombés en défendant la patrie.

Dans chaque famille, un parent, un ami qu'on pleure; dans les caves, des femmes, des enfants, pâles, affaiblis par les soucis et les larmes; puis des malades qui ne trouvent plus de sommeil, puis des raisons qui s'égarent sous l'effet de la terreur; puis des morts qui sont jetés dans la fosse sans qu'un ami les accompagne; puis dans l'air, partout, un bruit épouvantable, un craquement sinistre, un fracas sans fin; puis des cris d'effroi, puis des cris de souffrance; puis toujours des morts et des ruines....

Il y avait alors tout cela, oui, et ce n'est pas tout encore.

Les vieilles murailles de la vieille forteresse, tout abîmées; les remparts labourés, méconnaissables, amas informe; et là-dessus, des soldats, moissonnés à tout instant; aussitôt remplacés, moissonnés encore; les bouches d'airain, les gueules de bronze, brisées, muettes; et làbas, ce mur écroulé, ce vide immense, la brèche!

Devant ces remparts, cinquante mille soldats qui veulent être derrière ces remparts, et qui y viendront dans peu de jours, demain, ce soir peut-être, marchant sur le pont formé par les cadavres, au bruit du canon, de la mitraille et de la fusillade.

Oui, il y avait tout cela, car tout cela c'est la guerre...

On en était donc au quarante-sixième jour; on n'espérait plus, on ne pouvait plus avoir d'illusions, et l'on se contentait d'attendre avec résignation. Quoi? on l'ignorait soi-même.

Les obus sifflèrent encore pendant toute la journée, exerçant leurs ravages, et chaque heure sonnait pour quelque nouveau désastre.

Vers cinq heures du soir, un grand bruit se fait tout à coup dans la rue. On court, on s'interroge, on s'agite; tous les regards se dirigent sur un seul point: Un drapeau blanc flotte sur la Cathédrale!

On croit avoir mal vu, on regarde encore. Non, ce n'est pas une erreur. On dit que c'est un drapeau indiquant qu'il y a des malades, des blessés dans la Cathédrale; que c'est pour éviter que les assiégeants visent encore cet édifice. Mais alors la toile blanche serait ornée de la croix rouge, et cette croix ne s'y trouve point. Et on ne tire plus! [1]

[1] L'artillerie prussienne avait mis en batterie huit sortes de pièces d'artillerie; l'artillerie badoise en avait mis quatre. 241 pièces en tout ont été employées au bombardement de Strasbourg: 30 pièces longues, rayées, de 24; 12 pièces courtes, rayées, de 24; 64 pièces rayées, de 12; 20 pièces rayées de 6; 2 mortiers rayés mesurant 21 centimètres; 19 mortiers de 50; 20 mortiers de 25; 30 mortiers lisses, de 30; pour le bombardement de la Citadelle, les Badois employaient 4 mortiers de 25; 8 mortiers de 60; 16 pièces rayées de 12; 16 pièces rayées de 24.

Ces 241 bouches à feu ont lancé en tout 193,722 projectiles,

Ce serait donc un armistice?....

La foule s'assemble, le mouvement dans les rues est extraordinaire ; il y a une fermentation violente dans tous les cœurs. On veut des nouvelles certaines.

Quelqu'un hasarde une supposition : Serait-ce la reddition de la ville? On crie, on insulte le téméraire. Jamais! résistance jusqu'à la dernière extrémité! Un capitaine d'artillerie traverse la place Gutenberg; la foule l'entoure. On a rendu la place! crie-t-on de toutes parts. — Allons donc, répond le capitaine, rendre la place, je compte bien mourir avant...!

On se presse devant l'Hôtel-du-Commerce, où siége la municipalité; on demande le Maire, les adjoints, on interroge les officiers du poste de la garde nationale. Personne ne sait la vérité.

dont 162,600 par l'artillerie prussienne, qui avait 197 pièces, et 31,122 par l'artillerie badoise, qui avait 44 pièces :

28,000 obus ont été lancés par les longues pièces de 24;
45,000 par les pièces courtes de 24;
8,000 par les pièces de 6;
5,000 shrapnell (obus à balles) par les pièces rayées de 24;
11,000 shrapnell par les pièces rayées de 12;
4,000 shrapnell par les pièces rayées de 6;
3,000 obus longs par les pièces de 15 centimètres;
600 obus longs par les mortiers de 21 centimètres;
15,000 bombes de 50 livres;
20,000 bombes de 25 livres;
23,000 bombes de 7 livres, par les mortiers lisses.

Le poids des projectiles n'est pas désigné d'après la pesanteur du fer dont ils sont formés, mais d'après la pesanteur d'un projectile en pierre, du même calibre. Ainsi le poids des bombes, désignées bombes de 7, de 25, de 50 livres peut atteindre jusqu'à 180 livres. Ainsi des obus et autres projectiles.

Le bombardement régulier a duré 31 jours complets; en établissant une moyenne sur les 193,722 projectiles lancés en ville, cela fait par jour 6249 projectiles, par heure 269, par minute entre 4 et 5.

Voici le Maire qui arrive; il paraît triste, il ne répond pas aux cent voix qui le questionnent; il passe à travers la cohue et entre rapidement à l'Hôtel-du-Commerce sans avoir pu parler. Une vive émotion le domine.

L'agitation augmente, la foule s'accroît à chaque instant; on aperçoit des membres de la Commission municipale, des officiers supérieurs; on se précipite vers eux et l'on apprend que le Conseil de défense de la place a reconnu l'impossibilité d'une plus longue résistance, et qu'on est en train de capituler avec le général commandant les troupes assiégeantes.

Il y eut quelque chose comme une révolution à la suite de cette nouvelle; des groupes se forment, parcourent les rues en chantant la *Marseillaise*, ou se précipitent au quartier-général, demandant des explications, menaçant de faire du désordre dans la nuit. Les francs-tireurs surtout sont exaspérés; l'un d'eux tire un coup de feu en l'air. On craint quelque démonstration; les tambours de la garde nationale battent le rappel; les bataillons se forment et circulent pour maintenir la tranquillité.

L'effervescence pourtant se calme et la nuit se passe sans incident. La première nuit depuis bien longtemps sans canonnade, sans incendie, sans désastre. Mais on ne dormit pas, on le devine, car les esprits étaient enfiévrés. Avoir tant souffert, tant patienté pour en arriver là ! Mais l'honneur au moins était sauf.

Pendant ce temps, la capitulation s'élaborait. Le général de Werder accordait les honneurs de la guerre à la garnison, et promettait de ne pas frapper de contribution sur la ville ou les habitants. A deux heures du matin la capitulation était rédigée et signée. Voici le texte exact de ce document qui appartient désormais à l'histoire :

CONVENTION

relative à la capitulation conclue à Kœnigshoffen, à 2 heures du matin, le 28 septembre 1870.

« Le comte de Werder, lieutenant-général de S. M. le roi de Prusse, commandant de l'armée assiégeante de Strasbourg, ayant été requis, par M. le général de division français Uhrich, gouverneur de Strasbourg, de faire cesser les hostilités contre la place, est convenu avec lui de conclure la capitulation dont les termes suivent, en considération de la défense honorable et courageuse de cette place de guerre.

« Art. 1er. Le 28 septembre 1870, à 8 heures du matin, M. le général de division Uhrich évacuera la Citadelle, la porte d'Austerlitz, la porte Nationale, celle des Pêcheurs. En même temps, ces divers points seront occupés par les troupes allemandes.

« Art. 2. Le même jour, à 11 heures, la garnison française et la garde mobile quitteront la place par la porte Nationale, se placeront entre la lunette 44 et le réduit 37, et déposeront les armes.

« Art. 3. Les troupes de ligne et la garde mobile seront prisonnières de guerre et se mettront immédiatement en marche avec leurs bagages. Les gardes nationaux et les francs-tireurs resteront libres au moyen d'un revers (déclaration écrite de ne pas servir pendant la guerre); ils devront déposer les armes à la Mairie avant 11 heures du matin. A la même heure, les listes nominatives des officiers de ces troupes devront être remises à M. le général de Werder.

« Art. 4. Les officiers et les fonctionnaires ayant rang d'officier, de tous les corps de troupes de l'armée française, pourront se rendre à la résidence qu'ils choisiront, à charge de fournir un revers dont la formule est annexée au présent document. Les officiers qui refuseront de signer ce revers seront conduits en Allemagne, avec la garnison, comme prisonniers de guerre. Tous les médecins militaires français conserveront leurs fonctions jusqu'à nouvel ordre.

« Art. 5. M. le général de division Uhrich s'engage, dès que les armes auront été déposées, à remettre tous effets militaires, caisses du trésor, etc., par l'intermédiaire des agents que cette remise concerne, aux fonctionnaires allemands, dans la forme usitée.

« Les officiers et fonctionnaires qui, des deux côtés, seront chargés de cette mission, se trouveront, le 28 septembre, à midi, sur la place du Broglie, à Strasbourg.

« La présente capitulation a été rédigée et signée par les fondés de pouvoir suivants : du côté allemand, le lieutenant-colonel Leczinsky, chef de l'état-major de l'armée de siége; le capitaine et aide-de-camp comte Henckel de Donnersmarck ; du côté français, le colonel Ducasse, commandant de Strasbourg, et le lieutenant-colonel Mangin, sous-directeur d'artillerie.

« Lu, approuvé et signé :

« L. Mangin, Ducasse, Henckel de Donnersmarck, Leczinsky.

« Le secrétaire, Baron de Laroche.

« Pour copie conforme :

« Le général commandant supérieur,

« Uhrich. »

28 septembre.

Le 28 septembre, de grand matin, le général Uhrich faisait afficher la proclamation suivante :

« Habitants de Strasbourg!

« Ayant reconnu aujourd'hui que la défense de la place de Strasbourg n'est plus possible, et le Conseil de défense ayant unanimement partagé mon avis, j'ai dû recourir à la triste nécessité d'entrer en négociations avec le général commandant l'armée assiégeante.

« Votre mâle attitude pendant ces longs jours de douloureuses épreuves m'a permis de retarder jusqu'à la dernière limite la chute de votre cité. L'honneur civil, l'honneur militaire sont saufs, grâce à vous, merci!

« Merci à vous aussi, préfet du Bas-Rhin et magistrats municipaux, qui par votre énergie et par votre union m'avez prêté un concours si précieux, qui avez su venir en aide à la population malheureuse, et maintenir haut son attachement à notre patrie commune.

« Merci à vous, chefs militaires et soldats, à vous surtout, membres de mon Conseil de défense qui avez toujours été si unis de vues, si énergiques, si dévoués à la grande mission que nous avions à accomplir; qui m'avez soutenu dans les instants d'hésitation que faisaient naître la lourde responsabilité qui pesait sur moi et l'aspect des malheurs publics qui m'environnaient.

« Merci à vous, représentants de notre armée de mer, qui avez su faire oublier votre petit nombre par l'énergie de votre action; merci enfin à vous, enfants de l'Alsace; à vous, gardes nationaux mobiles; à vous, francs-tireurs et compagnie franche; à vous aussi, artilleurs de la garde nationale sédentaire, qui avez si noblement payé le tribut du sang à notre grande cause aujourd'hui perdue; et à vous douaniers, qui avez aussi donné des preuves de courage et de dévouement.

« Je dois les mêmes remercîments à l'intendance pour le zèle avec lequel elle a su parer aux exigences d'une situation difficile, tant pour le service hospitalier que pour celui des vivres.

« Où trouverai-je des expressions suffisantes pour dire à quel point je suis reconnaissant envers les médecins civils et militaires, qui se sont consacrés aux soins de nos blessés et de nos malades militaires, envers ces nobles jeunes gens de l'École de médecine, qui ont accepté avec tant d'enthousiasme le poste périlleux des ambulances dans les ouvrages avancés et aux portes?

« Comment remercier assez les personnes charitables, les maisons religieuses, les établissements publics qui ont ouvert des asiles à nos blessés, qui les ont entourés de soins si touchants, et qui en ont arraché beaucoup à la mort?

« Je conserverai jusqu'à mon dernier jour le souvenir des deux mois qui viennent de s'écouler, et le sentiment de gratitude et d'admiration que vous m'avez inspiré ne s'éteindra qu'avec ma vie.

« De votre côté, souvenez-vous sans amertume de votre vieux général, qui aurait été si heureux de vous épargner les malheurs, les souffrances et les dangers qui vous ont frappés, mais qui a dû fermer son cœur à ce sentiment, pour ne voir devant lui que le devoir, la patrie en deuil de ses enfants.

« Fermons les yeux, si nous le pouvons, sur le triste et

douloureux présent et tournons-les vers l'avenir; là nous trouverons le soutien des malheureux : l'espérance!

« Vive la France à jamais!

« Fait au quartier-général, le 27 septembre 1870.

« Le général de division, commandant supérieur de la 6e division militaire,

« UHRICH. »

Le Maire de Strasbourg adressait en même temps à la population une proclamation dont voici les termes :

« Chers concitoyens,

« Après une résistance héroïque et qui, dans les fastes militaires, ne compte que de rares exemples, le digne général qui a commandé la place de Strasbourg vient, d'accord avec son Conseil de défense, de conclure avec le commandant de l'armée assiégeante une convention pour la reddition de la place.

« Cédant aux dures nécessités de la guerre, le général a dû prendre cette détermination en présence de l'existence de deux brèches, de l'imminence d'un assaut qui nous eût été fatal, des pertes irréparables subies par la garnison et par ses vaillants chefs. La place n'était plus tenable; il est entré en pourparlers pour capituler.

« Sa détermination, écartant la loi martiale qui livre une place prise d'assaut aux plus rudes traitements, vaut à la ville de Strasbourg de ne pas payer de contributions de guerre et d'être traitée avec douceur.

« A onze heures, la garnison sortira avec les honneurs

militaires, et aujourd'hui l'armée allemande occupera la ville.

« Vous qui avez supporté avec patience et résignation les horreurs du bombardement, évitez toute démonstration hostile à l'encontre du corps d'armée qui va entrer dans nos murs !

« Rappelez-vous que le moindre acte agressif empirerait notre situation et attirerait sur la population entière de terribles représailles. La loi de la guerre dit que *toute maison d'où il aurait été tiré un coup de feu sera rasée et ses habitants passés au fil de l'épée*. Que chacun s'en souvienne, et s'il était parmi vous des hommes assez oublieux de ce qu'ils doivent à leurs concitoyens, pour méditer d'impuissantes tentatives de résistance, empêchez-les d'y donner suite. L'heure de la résistance est passée. Résignons-nous à subir ce qui n'a pu être évité.

« Vous, chers concitoyens, qui, durant ce long siége, avez déployé une patience, une énergie que l'histoire admirera, restez dignes de vous-mêmes à cette heure douloureuse.

« Vous tenez dans vos mains le sort de Strasbourg et le vôtre. Ne l'oubliez pas !

« Strasbourg, le 28 septembre 1870.

« Le maire,

« Küss. »

La garnison se disposait déjà au départ. Les bataillons, les compagnies étaient formés; les clairons sonnèrent, les tambours battirent, et on se mit en marche vers le faubourg National. Mais, en traversant les rues, par quels cris et quelles acclamations ne furent-ils pas accueillis, tous ces braves défenseurs de Strasbourg? Quelle émotion sur tous les visages, que de larmes quand on vit passer pour la dernière fois ces vaillants soldats qui venaient de lutter avec tant d'héroïsme! L'accablement et la douleur se lisaient dans leurs traits. Avoir tant de fois exposé sa vie, avoir bravé la mort en face pendant des journées, pendant des semaines et des mois; avoir résisté à toutes les fatigues, et aboutir ensuite à la captivité! Il y avait de quoi briser leurs cœurs.

Si l'on n'avait écouté que leur ardeur, que leur dévouement, que leur ferme résolution, on aurait résisté encore. Mais le général Uhrich avait écouté la voix de l'humanité; il savait que la résistance était vaine désormais, que tout le sang versé coulerait sans profit; il ne voulait pas prolonger les souffrances d'une population malheureuse, en partie ruinée; il avait écouté la raison aussi, car il avait vu que les remparts ne pouvaient plus être défendus; il voulait éviter à la ville et à ses soldats les terribles conséquences de l'assaut, et, prenant conseil de son cœur, de sa conscience, de son devoir tout à la fois, il dit : « C'est assez. »

Les soldats brisèrent leurs armes, les jetèrent à l'eau, les lancèrent contre les pavés, et se dirigèrent, vivement surexcités, vers le lieu du rendez-vous. Artilleurs, pontonniers, marins, chasseurs, infanterie de ligne, cavalerie, turcos, zouaves, gendarmes, douaniers, gardes mobiles, francs-tireurs, officiers, soldats, enfants de troupe, tous se pressaient dans un pêle-mêle indescriptible. La foule les entourait silencieuse et triste : c'était une séparation si cruelle! Comme le danger qu'on partage rapproche pourtant les hommes! On était des étrangers l'un pour l'autre; vient un péril commun et l'on est presque frère. On sentait s'en aller des amis, une partie de soi-même, avec ces pauvres prisonniers.

Tout à coup leur longue colonne s'ébranle, un dernier regard, une dernière poignée de main, une larme à la hâte et.... adieu!

Puis on entendit subitement des tambours, des fifres et une marche militaire. C'étaient les troupes allemandes qui entraient à Strasbourg.

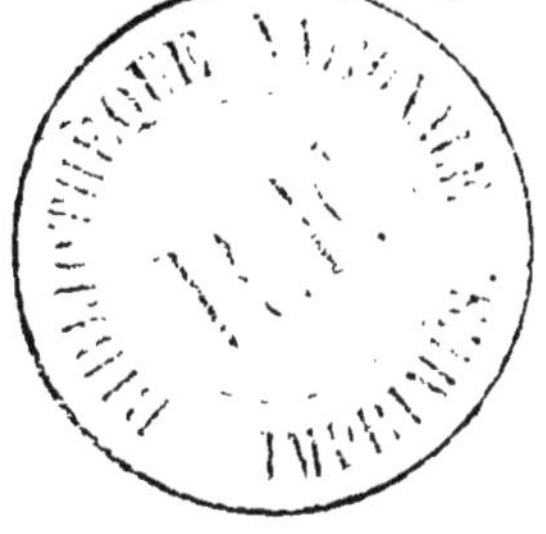

FIN.

www.ingramcontent.com/pod-product-compliance
Ingram Content Group UK Ltd.
Pitfield, Milton Keynes, MK11 3LW, UK
UKHW012034240726
13965UKWH00002B/775